薪酬管理与股权激励
实战一本通

王永红 赵美发 张 勇◎著

SALARY

中国铁道出版社有限公司
CHINA RAILWAY PUBLISHING HOUSE CO., LTD.

北 京

图书在版编目（CIP）数据

薪酬管理与股权激励实战一本通 / 王永红，赵美发，
张勇著． -- 北京：中国铁道出版社有限公司，2025. 1.
ISBN 978-7-113-31602-0

Ⅰ. F272.923

中国国家版本馆 CIP 数据核字第 20249H0Q07 号

书　　名：**薪酬管理与股权激励实战一本通**
　　　　　XINCHOU GUANLI YU GUQUAN JILI SHIZHAN YI BEN TONG

作　　者：王永红　赵美发　张　勇

责任编辑：王　宏　　　编辑部电话：（010）51873038　　电子邮箱：17037112@qq.com
封面设计：宿　萌
责任校对：刘　畅
责任印制：赵星辰

出版发行：中国铁道出版社有限公司（100054，北京市西城区右安门西街 8 号）
网　　址：https://www.tdpress.com
印　　刷：天津嘉恒印务有限公司
版　　次：2025 年 1 月第 1 版　2025 年 1 月第 1 次印刷
开　　本：880 mm×1 230 mm　1/32　印张：7.5　字数：188 千
书　　号：ISBN 978-7-113-31602-0
定　　价：59.80 元

·前　言·

薪酬和股权在企业管理中发挥着重要作用，合理的薪酬设计和股权激励成为企业发展的原动力，不仅能够推动企业战略目标的实现，促进企业发展，还能调动员工的工作积极性，保障企业和员工的利益。但是，如果这项工作没有做好的话，就无法充分激励员工，实现企业的长久发展。

很多管理者将薪酬管理简单地定义为涨工资，从目前的情况看，薪酬设计和股权激励对他们而言都是很大的挑战。之所以如此，是因为很多企业的管理者并不知道薪酬设计的关键数据和要素，薪酬设计的步骤，不同部门、不同级别的薪酬需要如何制定，企业战略规划如何与薪酬相联系，股权激励如何操作才能发挥出实效……

本书从薪酬设计和股权激励两个维度对企业的薪酬管理策略进行了详细的阐述。在薪酬设计维度，主要介绍了薪酬设计的含义、常见误区、设计步骤，业务部门和职能部门关于薪酬设计的相关内容，并提供实践案例予以参考。在股权激励维度，主要介绍了股权激励的本质、企业战略规划设计、股权激励"15定"、薪酬激励模型设计实战等内容。最后，还特别附加两大附录，附录A汇集了精心挑选的薪酬设计与股权激励实例，附录B包含了九个与薪酬和股权紧密相关的法律文书模板，以供读者参考与查阅。需要说明的是，对股权激励内容感兴趣的读者，可以从第4章开始学习，学完股权激励部分内容后再看薪酬设计部分亦可。

　　本书旨在为企业家、管理者、人力资源管理师等人员提供解决方案，让他们充分了解要想做好薪酬设计和股权激励，需要做好哪些工作。书中不仅全面覆盖了薪酬设计和股权管理的理论与实践技巧，还提供了即学即用的实战案例与精美图表。全书图文并茂，既提升了可读性，又增添了趣味性。最后，衷心希望读者在阅读完本书之后，能够有所收获和启发。

编　者

· 目　　录 ·

第1章　薪酬设计的本质 1

　　1.1　薪酬＝薪＋酬 2

　　　　1.1.1　薪是利益：工资收入＋物质激励 2

　　　　1.1.2　酬是名誉：晋升＋荣誉＋仪式感 4

　　　　1.1.3　薪酬的三大功能 5

　　　　1.1.4　常见的三种薪酬计算方式 8

　　　　1.1.5　薪酬是企业文化的一部分 10

　　1.2　薪酬设计的三个关键数据 12

　　　　1.2.1　历史数据 12

　　　　1.2.2　行业数据 13

　　　　1.2.3　预算数据 15

　　1.3　薪酬设计必须关注的五大要素 17

　　　　1.3.1　盈亏平衡点 17

　　　　1.3.2　企业目标 19

　　　　1.3.3　企业利润 19

　　　　1.3.4　人员编制 20

　　　　1.3.5　薪酬占比 20

1.4　薪酬设计的六大误区 22

1.4.1　市场薪酬调查工作不力 22

1.4.2　缺乏良好的薪酬提升机制 23

1.4.3　基本工资没有激励性 24

1.4.4　战略导向性不明 25

1.4.5　缺乏前瞻性 25

1.4.6　薪酬万能论 26

1.5　薪酬设计的"七步法" 26

1.5.1　确定薪酬战略 27

1.5.2　确定薪酬模式 27

1.5.3　确定薪酬总额 27

1.5.4　确定薪酬结构 28

1.5.5　平衡企业内外部薪酬公平性 28

1.5.6　设计岗位和绩效及部门模式 28

1.5.7　制定薪酬优化和变动规则 29

1.6　薪酬设计的"五定法" 29

1.6.1　定组织架构 30

1.6.2　定编定岗 32

1.6.3　定人员 33

1.6.4　定人效 33

1.6.5　定目标 34

第2章　业务部门薪酬设计实操 35

2.1　业务部门薪酬设计中常见的八大问题 36

2.1.1　提成只和合同挂钩而不与回款挂钩 36

2.1.2　没有或者很少的绩效工资 36

2.1.3　牺牲价格和利润换提成 ……………………… 37

2.1.4　费用实报实销 ……………………………… 38

2.1.5　提成年底结算 ……………………………… 38

2.1.6　吃"大锅饭" ………………………………… 40

2.1.7　区域市场承包制 …………………………… 40

2.1.8　为了业绩乱给客户承诺 …………………… 41

2.2　业务部门要执行十个分开 ………………………… 41

2.2.1　销售和客户服务分开 ……………………… 41

2.2.2　销售与收款业务岗位分开 ………………… 42

2.2.3　老客户和新客户分开 ……………………… 42

2.2.4　旧市场和新市场分开 ……………………… 43

2.2.5　老产品和新产品分开 ……………………… 44

2.2.6　高利润和低利润分开 ……………………… 44

2.2.7　存量业务和增量业务分开 ………………… 44

2.2.8　费用业务和利润业务分开 ………………… 45

2.2.9　自开市场和接手市场分开 ………………… 45

2.2.10　自开业绩和辅导业绩分开 ……………… 45

2.3　业务部门薪酬设计的"七步法" …………………… 45

2.3.1　设计薪酬结构 ……………………………… 46

2.3.2　设计底薪 …………………………………… 48

2.3.3　设计提成 …………………………………… 50

2.3.4　设计奖金 …………………………………… 52

2.3.5　设计津贴 …………………………………… 53

2.3.6　设计福利 …………………………………… 56

2.3.7　设计分红 …………………………………… 58

2.4　业务部门薪酬设计案例 …………………………… 60

第3章　职能部门薪酬设计实操 79

3.1　职能部门基本薪酬的五种模式 80

3.1.1　岗位制：根据岗位在企业中的位置制定 80

3.1.2　能力制：根据岗位能力制定 82

3.1.3　绩效制：根据业绩制定 85

3.1.4　市场制：根据行业水平制定 86

3.1.5　年薪制：根据员工工龄及岗位价值制定 87

3.2　职能部门薪酬设计三角 88

3.2.1　职务：设计岗位等级 88

3.2.2　能力：设计关键绩效指标 89

3.2.3　结果：设计执行细节标准 92

3.3　职能部门薪酬设计案例 93

第4章　股权激励的本质 99

4.1　股权＝股＋权 100

4.1.1　什么是股权 100

4.1.2　股权的三大类型 101

4.1.3　股权设计的三大陷阱 102

4.2　什么是股权激励 103

4.2.1　股权激励是基于激发员工的内在动力 103

4.2.2　股权激励的对象：企业的利益相关者 104

4.2.3　股权激励的错误认知 106

第5章　企业战略规划设计 109

5.1　战略设计：解决方向性的问题 110

5.1.1　战略定位：我是谁 110

5.1.2　战略目标：我要干成什么 112

5.2　**商业设计：解决路径的问题** 115

5.2.1　产品模式：销售什么 115

5.2.2　顾客模式：销售给谁 116

5.2.3　营销模式：怎么销售 116

5.2.4　盈利模式：怎么获利 117

5.3　**治理设计：解决发展的问题** 118

5.4　**组织设计：解决管理的问题** 120

5.5　**产融设计：解决供应链的问题** 121

第6章　股权激励"15定" 123

6.1　**定目的——为什么要做股权激励** 124

6.1.1　战略性目的：做大做强，基业长青 124

6.1.2　战术性目的：稳定团队，延缓衰老 124

6.1.3　投机性目的：转移风险，撤离、转行 125

6.1.4　对员工的目的：回报老员工，激励新员工 127

6.2　**定目标——企业要做成什么样** 127

6.2.1　必须确定的七个目标 128

6.2.2　实现目标的方法和路径 129

6.3　**定价格——如何作价？如何估值** 130

6.3.1　初始投资估值法 130

6.3.2　利润估值法 130

6.3.3　净资产估值法 131

6.4 定对象——对哪些人进行股权激励 131

　　6.4.1 员工 132

　　6.4.2 上下游 132

　　6.4.3 消费者 132

　　6.4.4 资金方 132

　　6.4.5 资源方 133

6.5 定方法——用什么方式入股 133

　　6.5.1 出钱 133

　　6.5.2 出力 133

　　6.5.3 出时间 133

　　6.5.4 出资源 134

　　6.5.5 出智慧 134

6.6 定模式——用什么股权工具进行激励 134

　　6.6.1 实股激励 134

　　6.6.2 虚拟股份 136

　　6.6.3 期股激励 137

　　6.6.4 期权激励 137

　　6.6.5 分红回偿激励 137

　　6.6.6 业绩股权激励 138

　　6.6.7 其他激励方法 139

6.7 定额度——拿多少股份比例进行激励 139

　　6.7.1 第一条生命线：67%绝对控制线 139

　　6.7.2 第二条生命线：51%相对控制线 142

　　6.7.3 第三条生命线：34%安全控制线 144

　　6.7.4 第四条生命线：30%要约收购线 144

　　6.7.5 第五条生命线：20%同业竞争线 145

6.7.6 第六条生命线：10%临时会议线 145

6.7.7 第七条生命线：5%股东变动线 146

6.7.8 第八条生命线：1%临时提案线 146

6.7.9 第九条生命线：1%代位诉讼线 147

6.8 定来源——股份来自哪里 148

6.8.1 做减法：减持套现 148

6.8.2 做加法：增资扩股 148

6.9 定时间——时间节点及期限是什么 149

6.9.1 初创期 150

6.9.2 发展期 150

6.9.3 扩张期 151

6.9.4 成熟期 152

6.9.5 稳定期 153

6.10 定权利——激励对象有哪些权利 153

6.10.1 股东收益权 153

6.10.2 股东治理权 154

6.10.3 股东知情权 154

6.10.4 股东诉讼权 154

6.11 定进入——成为激励对象的条件 154

6.11.1 价值观标准 154

6.11.2 业绩条件 155

6.11.3 工龄条件 155

6.12 定退出——激励对象的退出规则 155

6.12.1 惩罚性退出：1元价格退出 156

6.12.2 普通退出：原始价格退出 156

6.12.3　奖励性退出：期末净资产退出，
市值估值退出 157

6.12.4　协议约定退出：协议约定不同时间如何退出 157

6.12.5　风险承担约定：按比例承担或一直不承担 158

6.13　定考核——激励对象的考核标准 **158**

6.13.1　业绩考核 158

6.13.2　利润考核 159

6.13.3　能力考核 159

6.13.4　价值观考核 160

6.13.5　人才培养考核 161

6.13.6　学习力考核 162

6.14　定转变——股权动态 **162**

6.14.1　调岗、职务晋升或降级持股比例动态 162

6.14.2　贡献大小分红比例动态 163

6.14.3　贡献大小持股资格动态 165

6.14.4　公司转变持股比例动态 165

6.14.5　员工持股虚实转变动态 166

6.15　定协议——相关法律文书 **166**

6.15.1　公司章程 166

6.15.2　股权投资或转让协议 168

第7章　股权分红激励落地实操 **169**

7.1　股权分红激励之绩效分红法 **170**

7.1.1　定目的 171

7.1.2　定目标 171

7.1.3　定对象 171

7.1.4　定额度 172

7.1.5　定条件 172

7.1.6　定比例 172

7.1.7　定时间 172

7.1.8　定规则 173

7.1.9　定退出 173

7.2　股权分红激励之超额分红法 174

7.2.1　定目的 174

7.2.2　定目标 174

7.2.3　定对象 175

7.2.4　定梯度 175

7.2.5　定比例 175

7.2.6　定时间 176

7.2.7　定规则 176

7.2.8　定退出 176

附录A　薪酬设计与股权激励案例 177

×××有限公司绩效分红激励方案 178

×××有限公司子公司股权激励方案 184

附录B　相关法律文书模板 192

股权投资协议书 193

股份转让协议书 199

增资扩股协议书 204

一致行动人协议书 210

绩效分红协议书 211

超额分红协议书 214

在职股权激励协议书 217

竞业禁止协议书 222

保密协议书 224

第1章

薪酬设计的本质

薪酬设计看起来简单，实则内涵深厚，涵盖广泛。好的薪酬设计不仅可以最大化地调动员工的积极性，还能帮助企业稳定团队，优化薪酬分配，从而实现企业的长期稳定发展。在进行薪酬设计时，管理者需要关注方方面面，其中包括薪酬设计的三个关键数据、五大要素、六大误区、"七步法"、"五定法"等。

1.1 薪酬 = 薪 + 酬

薪酬是指企业员工的现金收入和非现金收入的总和，包括底薪、提成、奖金、加班工资、分红及企业福利待遇等各种报酬形式。如果把"薪酬"两个字拆开来看，"薪"代表利益层面，即员工所获得的工资收入和与之相关的物质激励；"酬"代表名誉层面，如员工的晋升机会、荣誉感、社会地位及工作中的仪式感等。

1.1.1 薪是利益：工资收入 + 物质激励

薪酬是每一个企业和员工都熟悉的名词，但是你真正理解它的含义吗？薪，指薪水，又称薪金、薪资，可以用数据、货币进行衡量。企业发给员工的底薪、提成、奖金、保险及实物福利等都属于"薪"，这是给员工看得见的"好处"。因此，我们可以将"薪"总结为利益，即"工资收入 + 物质激励"。

（1）工资收入

员工入职企业，会获得工资收入。工资收入的构成包括基本工资、岗位工资、工龄工资、绩效工资、津贴、年终绩效工资及其他，具体内容见表1-1。

表1-1　工资构成及其定义

工资构成	定　　义
基本工资	指根据国家政策规定及企业规章制度要求，与员工签订劳动协议中约定的基础工资部分
岗位工资	指根据企业编制规划、组织架构设计、岗位职责要求及岗位价值贡献而设立的工资组成部分
工龄工资	指企业按照员工的工作年数，即员工的工作经验和劳动贡献的积累给予的经济补偿

续上表

工资构成	定　义
绩效工资	指根据企业业绩或利润目标完成情况，给予员工相应的工资部分。它通过将工资与考核结果相挂钩来实现制度化管理
津贴	指在特殊工作条件下，为员工的工作及生活额外费用提供的补贴。例如高温津贴、出差补贴
年终绩效工资	指企业根据年度业绩、利润情况及员工辛苦程度给予员工的年度工作奖励
其他	包括企业向员工提供的各种保险、加班工资、额外津贴及分红等

从表1-1可以看出，工资收入的构成非常丰富。

（2）物质激励

所谓物质激励，是指用看得见的物质调动员工的工作积极性，使其把潜在的能力充分发挥出来。一般来说，企业常使用的物质激励包括员工分红配股、股票期权、红利、员工入股、奖金、奖品等，具体内容见表1-2。

表1-2　物质激励及其具体内容

物质激励	具体内容
员工分红配股	员工分红配股的基本理念是认为一个企业组织中，股东、管理者与员工三者，具有同等重要的地位，三者对于企业的发展都具有关键性的作用，让员工成为合伙人，增加员工对企业的向心力，并使员工合理分享企业的经营成果，共同为企业的发展而努力
股票期权	为员工提供按固定价格购买股票的机会
红利	指企业利润的一部分，以现金或股票等形式分发给员工，作为对其贡献的奖励
员工入股	狭义的员工入股指企业为使员工取得所属企业股票而提供各种便利制度；广义的员工入股，则指企业通过奖励、援助等方式，让员工持有企业的股票，以此作为推进企业方针或政策的手段
奖金	对达成预定绩效目标或超过既定标准的绩效给予的奖励，支付依据是绩效标准
奖品	一般为物品奖励，例如笔记本电脑等

除了以上几种物质激励外，提供的单身公寓、免费午餐等，也属于物质激励。

综上所述，薪不仅指每个月拿到手的工资，还包括各种物质激励，是"工资收入+物质激励"的结合体。

1.1.2 酬是名誉：晋升+荣誉+仪式感

"薪"是物质层面，而"酬"是一种精神层面。具体来说，酬是名誉，它是"晋升+荣誉+仪式感"的结合体。在不少企业中，企业付给员工的工资并不比市场或同行低，福利也很好，但是员工还是对企业有诸多不满；而另外有一些企业，可能付给员工的工资并不是很高，但是企业整体氛围很好、员工工作也很快乐。究其原因，后者是因为"酬"在起作用。

如果一个企业没有活力，员工也会缺乏安全感，深感没有前途，那么此时由"薪"维系的关系只会变成单纯的交换关系，这种关系会时常处在动荡之中，难以让员工产生安全感，也难以让企业保持安稳地发展。因此，酬也发挥着非常重要且必要的价值。

"酬"包括了非现金和物质性的激励形式，比如为员工分配符合其兴趣和能力的工作，颁发荣誉和奖杯，以及提供弹性的工作时间等。下面，我们具体从晋升、荣誉和仪式感三个角度分析"酬"的价值。

（1）晋升

晋升意味着员工可以得到更多的物质和精神回报。除此之外，晋升对员工也意味着能够带来更多的责任感和成就感，更是能力得到提升的外在彰显。因此对员工来说，晋升会带来内心的愉悦感受，增加职业幸福感。一方面，晋升会提升员工工作的积极性，有利于组织目标的实现；另一方面，员工会更加认同企业，并真心实意地为企业的发展贡献自己的力量。

调查显示，"因企业的晋升体系不健全而离职"在众多的离职原因中占了很大的比重，所以作为"酬"的一部分，晋升体系对员工的稳定性和忠诚度有着非常重要的影响。

（2）荣誉

在薪酬中，"酬"的一个重要组成部分是"荣誉"，它主要表现为以下四点：

① 恰当的社会地位标志，包括因职业成就而获得的社会荣誉、来自他人的尊重等。

② 个人成长和个人价值的体现，包括更好的发展机会和更大的展示舞台。

③ 获得关怀和青睐，包括来自上级领导或者合作对象的关怀、称赞和支持。

④ 优质的工作环境，包括积极向上的氛围、优秀的管理者、友好相处的同事、优越的工作条件、富有人情味的工作时间关怀等。

（3）仪式感

给员工组织外出旅游、安排休假、为员工举办生日宴会、组织团建培训等，都能体现出仪式感。由仪式感所带来的荣誉感、愉悦感也会激发员工更向企业靠拢。

总之，"酬"是薪酬重要的组成部分，它提供了物质层面所替代不了的精神感受。老员工较多的企业，员工往往因为"薪"加入企业，因为"酬"而"安居乐业"，进而发挥出无穷的潜能。

1.1.3 薪酬的三大功能

薪酬不仅具有重要的价值内涵，还具备重要的功能。具体来说，薪酬具有三大功能，即保障功能、激励功能和分配功能，见表1-3。

表1-3 薪酬的三大功能及其表现

三大功能	功能表现
保障功能	保障员工的衣食住行、安全需求、社交需要,让员工安心地工作
激励功能	①激励员工更主动、积极地工作,实现价值创造 ②激励员工更愿意长期留在企业中,为企业创造更大的价值 ③激励员工做出更优的工作行为
分配功能	①通过薪酬的设计和测算,对企业人工成本进行预算和控制,以维持企业合理的成本开支和利润空间,避免企业因财务负担过重导致现金流短缺 ②多种薪酬的分配方式,激发员工努力工作,促进企业发展,改善企业经营绩效 ③合理的薪酬分配有助于提高员工的稳定性,平衡社会发展

（1）保障功能

马斯洛需求层次理论将人的需求从层次结构的底部向上分为:生理需求（食物和衣服）,安全需求（工作保障）,社交需要（友谊）,尊重和自我实现的需求（成就事业）。员工到企业工作,首要需求是要维持基本生理需求,需要购买必要的生活物资,如衣、食、住、行等方面的支出。除此之外,员工在娱乐、社交等方面也会有相应的支出。而员工这些支出的来源则主要是薪酬。

从某种程度上说,薪酬的保障功能是吸引员工工作的一个重要因素,能够让员工相对稳定地坚守工作岗位并为企业奉献价值。当满足生理需求和安全需求后,员工会向更高层次的需求过渡,他们会为了更高的薪酬和更高的工作成就而做出更多的努力。

（2）激励功能

薪酬是员工对企业所付出的努力、时间、学识、技能、经验和创造的报酬。同时它也是对员工有效超额劳动的奖励,因此对员工具有很大的激励作用。薪酬除了保障员工的各项基本需求外,还能激发他们积极、主动地工作,使员工感到工作既是为了企业,也是为了自己。

薪酬的激励功能具体表现在以下三方面。

①激励员工更积极地工作,实现价值创造。当员工的工作成绩与

薪酬成正比，薪酬及时反映工作业绩，会产生更积极的作用。另外，企业还可以根据绩效发放奖金，有效激励员工更加努力地创造价值。

② 激励员工更愿意长期留在企业中，为企业创造更多的价值。当企业的薪酬和外部相比具有较强竞争力时，员工会更愿意留在企业中工作。因此，薪酬是企业吸引并留住优秀的、符合企业所需的人才的重要手段之一。

③ 激励员工做出更优的工作行为。当薪酬与企业文化导向相契合时，不仅能够强化企业文化的价值导向，还能有效激励员工展现出更优秀的工作行为。例如企业文化是"科技创新"，因此对研发技术人员的薪酬分配与激励将优于其他人员。这一行为既能更好地激励研发人员做出更优的设计，同时也会强化"科技创新"企业文化的执行与落地。

（3）分配功能

分配功能是薪酬的另一大功能。企业经营的核心在于实现盈利与合理分配，通过合理的薪酬分配，能够激励员工更加积极地参与企业的日常运营和管理。另外，企业通过多种薪酬的分配方式，包括多劳多得、奖金、绩效与薪酬挂钩等，激励员工努力工作，从而促进企业发展，改善企业经营绩效。

薪酬分配大致有以下三种方式，如图1-1所示。

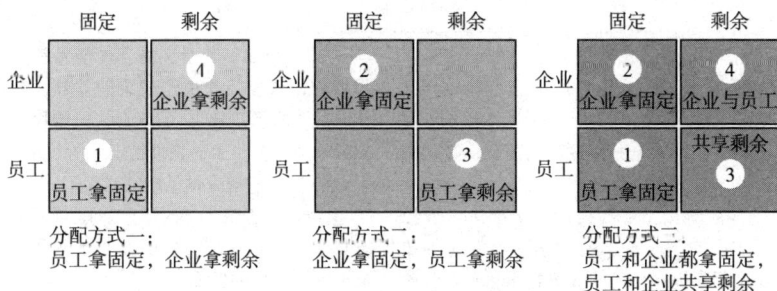

图 1-1　薪酬分配矩阵

从企业管理的角度看，有效的薪酬设计在企业生命周期中基于人力资源管理有以下三大作用。

① 保持团队的稳定性，即员工的安全感。

② 保持团队的激励性，即员工的成就感。

③ 通过薪酬设计激发员工的忠诚度和工作热情，即员工的归属感。

总的来说，对员工而言，薪酬分配意味着保障、激励和价值实现；对企业来说，薪酬意味着通过合理的分配维持企业的经营水平，并激励员工努力创造价值；对社会而言，薪酬的分配功能有助于使薪酬维持在适当的水平，社会财富进行合理再分配，平衡社会发展。

1.1.4 常见的三种薪酬计算方式

计算薪酬时，常见的三种方式分别是计时制、计件制和计效制。

（1）计时制

计时制指的是企业按照员工劳动时间的长短给予工资报酬的一种薪酬形式，其数额由员工岗位工资标准和劳动时间决定。大部分的劳动都可以用劳动时间来计量，所以计时制的适用范围非常广泛。

计时制的优点和缺点，见表1-4。

表1-4 计时制的优缺点

优 点	缺 点
①内容和形式简便明确，易于计算和管理 ②能保障员工的收入和生活水平，能让员工获得安全感和生活均衡感，有利于保持员工的稳定状态 ③能对员工业务技能水平提出合理的要求，有利于员工努力学习相关业务知识，不断提高自己的业务技术水平和劳动熟练程度，提升自己的工作能力	①难以全面反映员工的工作质量和工作效果，难以反映工作成果的差异，容易造成"资源均摊"，因此会在一定程度上影响高绩效员工的积极性 ②给员工偷懒提供了空间 ③会让员工产生准时上班、准点下班就算圆满完成工作任务的错觉，不利于员工创造更大的价值

一般来说，计时制又可以分为月薪制、周薪制、日薪制、小时工资制。当采用月薪制的计时工资时，其计算公式如下：

应发工资＝月标准工资－月标准工资换算的日工资额×缺勤天数＋其他工资加项

应发工资＝月标准工资换算的日工资额×出勤天数＋其他工资加项

（2）计件制

计件制是指企业根据预先规定出的每件产品单价和员工生产的合格品件数来确定支付工资的形式。计件制通常适用于产品的数量可以明确计数、质量可以考核、单位时间产出与员工的主观努力及劳动效率直接相关的岗位，实行计件制要能够明确量化出员工的工作质量及产出数量对应的具体价值数字。同样，计件制也有其优缺点，见表1-5。

表1-5　计件制的优缺点

优　点	缺　点
①分配透明度高，可以直接、准确地反映出员工实际付出的劳动量，能够很好地体现按劳分配的原则 ②能够促进员工不断提高效率，提升自身的劳动熟练程度和技术水平 ③计件工资的计算与分配事先有详细、明确的制度及价格清单，在企业内部工资分配上有很高的透明度，使得员工对自己的收入心中有数，因此，具有很强的物质激励作用 ④实行计件制，有助于降低管理难度，提升企业的经营管理水平	①适用范围相对较窄，很多岗位都不适用 ②不利于员工间相互协作 ③相对来说是一种短效机制，不利于培养长期稳定的员工队伍

一般来说，当产品的生产工艺较为简单、员工能力水平的提升对产品品质和产量无较大影响、产品的整个生产过程都是由单个人完成时，企业可采用个人计件制计算薪酬。

（3）计效制

计效制是不同于计时制和计件制的一种分配形式，其特点是将员工的工资与其创造的产品或提供的服务所产生的效益直接联系起来，使薪酬能直接体现劳动价值，因此具有很好的激励作用。计效制的优缺点见表1-6。

表1-6　计效制的优缺点

优　点	缺　点
①激发员工的积极性和创造性，创造更多的企业效益，尤其是高绩效员工、具有突出贡献的人员会受到很大的激励 ②能够提升员工的荣誉感，也给员工实现价值创造提供了空间	这种方式会在业绩低和业绩高的员工间形成巨大反差，会挫伤业绩低或业绩一般的员工的工作积极性，引发更多的矛盾

综上所述，以上三种是企业设计薪酬常见的方式，具有各自的优缺点，企业可根据实际情况采取适宜的方式。

1.1.5　薪酬是企业文化的一部分

不少企业常常将薪酬与企业文化割裂看待，认为薪酬是独立于企业文化之外的个体，其实薪酬是企业文化的一部分，薪酬与企业文化相辅相成，通常有什么样的企业文化就会有什么样的薪酬形式，而薪酬形式也会在一定程度上塑造和强化企业文化。例如，企业的奖金制度中对"优秀"和"差"的奖金差异越大，说明企业绩效导向的文化特质越明显，这就会激发员工去向高绩效进发，进而也更能强化奋发向上的企业文化。其实，薪酬及薪酬管理中的每一个行为或每一项政策都会影响员工的行为和企业的发展，这些影响和结果逐渐沉淀下来，也就成了企业文化的一部分。

下面，我们具体分析薪酬是如何深刻影响企业文化并发生作用的。

（1）薪酬与企业文化相互影响

薪酬与企业文化是相互影响的，一般情况下，什么样的企业文化就会有什么样的薪酬形式与之匹配，而什么样的薪酬形式又会塑造和强化什么样的企业文化。例如企业文化是"以人为本"，那么企业薪酬政策也要体现出关怀员工的一面，包括奖多罚少、多举办福利活动、多支持员工等。相反，如果企业的薪酬表现出的是罚多奖少、缺少福利、对员工考核非常严格等，就很难让员工感受到"以人为本"的企业文化。

当然，企业文化不是一成不变的，企业在不同的发展阶段会有不同的文化特点。企业文化的改变会驱动企业薪酬制度也随之做出相应的调整。

（2）薪酬可以引导员工做出符合企业文化的行为

薪酬是对员工贡献的肯定与回报。如果员工的行为符合企业价值观，并有利于企业战略目标的实现，那么员工也会得到同等的价值回报——薪酬。例如员工在某次项目中表现突出，为企业拿下了一个大单子，实现了企业年度10%的销售目标，该员工也因此获得一大笔奖金。当员工从薪酬中获得激励，会进一步激发其更愿意做出有利于企业文化和企业发展的行为。

（3）企业文化是非经济类的薪酬

员工到企业工作，追求的不仅是工资报酬，还包括成长、晋升和发展等更长远的需求。根据马斯洛需求层次理论，当生理及安全等基本需求得到满足后，就需要尊重和自我实现等高层次需求。所以企业只有物质激励是不够的，还需要有精神激励，让员工看到"希望"。

1.2　薪酬设计的三个关键数据

薪酬设计有三个关键数据，即历史数据、行业数据和预算数据。其中，历史数据作为依据，行业数据作为参考，预算数据作为标准。企业要通过这三个数据，设计出一个既合理又能够发挥作用的薪酬方案。

1.2.1　历史数据

企业进行薪酬设计的第一个关键数据是历史数据。历史数据是指企业过去的数据，能对现如今的薪酬设计具有指导作用。总体上说，参照历史数据的关键在于确保员工的薪酬不低于可参照的历史数据，这样既体现了公平性，又避免了较大的薪酬偏差。具体来说，企业在参考历史数据时，要注意以下三点，如图1-2所示。

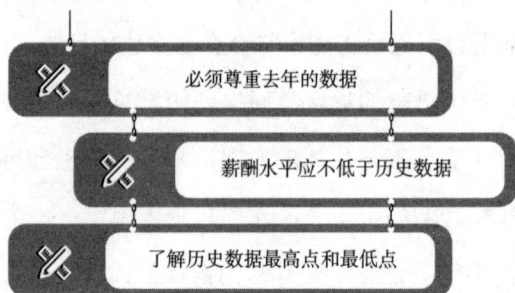

必须尊重去年的数据

薪酬水平应不低于历史数据

了解历史数据最高点和最低点

图1-2　参照历史数据的三点注意事项

（1）必须尊重去年的数据

一般来说，企业会参照最近三年的历史数据，但是必须要尊重去年的数据，因为去年的薪酬数据一方面与现在所设计的薪酬数据更为接近，另一方面有的求职者也会比较关注企业该岗位近年来的薪酬水平。如果求职者发现某企业如今的薪酬远低于去年的薪酬，就会产生困惑。另外，从企业内部看，当入职不满一年或两年的员工发现本年的薪酬与他们入职时的薪酬有较大幅度的偏差，会出现较大的心理落差，对企业前景产生怀疑，进而产生消极的工作情绪。因此，企业必须要尊重去年（甚至是前两年）的数据，不能出现较大的幅度偏差。

（2）薪酬水平应不低于历史数据

非极端条件下（比如经济危机或不可抗因素等），企业薪酬水平应不低于历史数据，这不仅遵循了经济运行的稳定性原则，也体现了企业持续发展的竞争力。薪酬水平不低于历史数据，这至少保证了薪酬的稳定性，而在岗位职责和任职要求未发生显著变化的情况下，可以视为与历史数据保持了一致性。当然，这需要满足一个条件，即岗位职责和任职要求几乎没有出现变动。如果任职要求在以前的基础上有了一个较大的提升，那么薪酬水平理应高于历史数据。

（3）了解历史数据最高点和最低点

如果企业选择参考时间跨度为三年的历史数据，那么企业就要了解在这三年历史数据的最高点和最低点，并分析当时制定该薪酬的依据。例如，企业发现某岗位的薪酬在三年的历史数据的最高点是 10 000 元，最低点是 6 000 元。进一步分析发现，出现最高点的原因是企业处于发展期，需要高素质人才促进企业发展，因此通过高薪吸引并留住人才。出现最低点的原因是企业度过发展期，运行平稳，对人才的需求量并不是很大，且降低了岗位任职要求。企业在设计薪酬时，可参照历史数据的最高点和最低点，并根据企业的实际发展需求确定一个合理的薪酬。

1.2.2　行业数据

进行薪酬设计的第二个关键数据是行业数据。行业数据是指企业所在行业的薪酬水平，它能够让企业判断自己所设计的薪酬是否符合行业常规，在合适的范围内。具体来说，企业参考行业数据要注意以下两点。

（1）从大型网站和同行了解行业数据

企业可以对同行业同岗位、不同行业同岗位进行调研。具体来说，企业可以从大型的招聘网站搜集信息，例如搜索所需岗位的职位名称，搜索的范围尽量精确到具体的行业（如食品零售）和城市（如上海），然后查看这类职位（如市场总监）的薪酬范围是多少。很多企业在发布职位的时候都会注明该职位的薪酬范围，那么通过搜索、查找、汇总、对比，基本上能够知道该职位在某个行业某个城市大致的市场行情了。

除了在大型网站搜集信息外，也可以与同行交流，了解该行业该职位的行情，了解大致的薪酬范围及薪酬构成。重要的是，企业在搜集信息后，可以将其制作成表格，既方便再次查询，也方便后续参考。

（2）注意参考大型企业和同等规模企业的薪酬

在参考行业数据时，应特别关注同行业的大型企业和同等规模企业的数据情况。

① 行业中大型企业的数据。大型企业拥有雄厚的资金实力和资源，某种程度上说，这决定了该行业该岗位的薪酬水平的上限。例如，同样是程序员的岗位，在大型企业和一般企业的薪酬待遇有一个较大的差距。了解同行业同岗位的企业的薪酬上限，也给了企业一个薪酬制定的上限。

② 同等规模企业的数据。如果只是一个小规模的企业，那么该企业的薪酬水平是无法与大型企业或中型企业的薪酬水平相提并论的，因此同等规模企业的行业数据更具有参考意义。企业可注意查看同等规模的企业的薪酬水平是什么样的，在什么样的范围。

当然，薪酬水平与任职要求和应聘者的能力要求是相对应的，即企业要想以低于行业平均水平的薪酬招聘到合适的人才也是很难的。

1.2.3 预算数据

企业进行薪酬设计的第三个关键数据是预算数据，预算数据一般基于年度的财务数据（比如财务报表及相关资料的历史数据），再结合下一年的企业生产经营目标来制定。企业关注预算数据的价值在于实现薪酬总额与企业业绩、利润的匹配，并控制薪酬总额，以确保员工薪酬提升与企业同步。

在薪酬预算数据方面，要重点关注以下两点。

（1）分析薪酬总成本预算

管理者首先要分析薪酬总成本预算。薪酬总成本预算，具体来说，固定薪酬方面，企业要根据以往各个部门人员的编制情况、人员晋升情况、调薪情况进行预算；福利方面，要根据以往的福利安排及计划新增的福利等进行预算；奖金方面，要根据当年计划完成的销售目标及对应的提成比例，对年终奖、加班、业绩提成等进行预算。

薪酬总成本预算也是企业优化薪酬结构的重要参考依据，通常根据企业的战略规划对企业下一年度员工的岗位情况进行汇总，并根据不同岗位的性质确定薪酬标准。企业年度薪酬成本预算表见表1-7。

表1-7 企业年度薪酬成本预算表

单位：元

项　　目	金　　额
一、年度工资收入总额预算	
年度税前工资总额预算	
年度补贴总额预算	
年度奖金总额预算	

项　目	金　额
二、年度福利总额预算	
年度食宿费用总额预算	
年度交通费用总额预算	
年度保险总额预算	
年度公积金总额预算	
年度其他福利费用	
年度培训费用	
其他	
三、年度薪酬总额	

注：表格中的具体金额根据企业实际情况填写。

　　企业可根据年度薪酬成本预算表中的各项数据计算出年度薪酬总成本额度，进而根据预算制定下一年的薪酬。

（2）结合下一年的业绩及利润目标确定

　　薪酬预算的制定与企业的业绩及利润目标密切相关。企业在做薪酬数据预算时，也要确定下一年的业绩及利润目标。一般来说，当企业扩大经营目标时，相应地也会招募更多的新员工，在此前提下，企业需要多支出一些薪酬。例如，某企业因扩大生产需求需要招募三名新员工，预计多支出20万元的薪酬，分摊到每名员工身上，即每人一年约7万元，再分摊到每个月上，则可以基本确定每月的薪酬预算了。

　　此外，当企业为保障生产经营目标更好地实现，一般会将更多的资金放在生产经营目标上，因此可能会降低在其他薪酬上支出的预算。在这种情况下，企业也可以根据实际情况确定薪酬。

1.3　薪酬设计必须关注的五大要素

企业在进行薪酬设计时要重点关注五大要素，即盈亏平衡点、企业目标、企业利润、人员编制和薪酬占比。

1.3.1　盈亏平衡点

盈亏平衡点又称零利润点、保本点、盈亏临界点、损益分歧点、收益转折点，指企业总营业收入与企业产品成本、运营费用及人工成本等成本总和相等，达到该营业收入点，企业既没有盈利也没有亏损。以盈亏平衡点为界限，当企业的营业收入高于盈亏平衡点时，企业盈利，反之企业就亏损。

盈亏平衡点的计算公式为

$$\text{BEP} = C_f \div (P - C_u - T_u)$$

公式中，BEP 是指盈亏平衡点时的营业收入总额，C_f 是指企业固定成本总额，P 是指单位产品毛利率，C_u 是指单位产品变动成本率，T_u 是指单位产品增值税率。

例如，A 企业的月固定成本是租赁厂房、机器及支出工资，合计 C_f 为 80 万元，可变成本是原材料、销售提成和增值税，每个产品生产成本是 1.2 元，产品售价为 3 元，那么单位毛利率 P 的计算结果为

$$P = （售价 - 单位产品变动成本）\div 售价 \times 100\%$$

$$= （3 - 1.2）\div 3 \times 100\% = 60\%$$

假设单位产品变动成本率 C_u 为 4%，单位产品增值税率 T_u 为 6%，由此可以计算出 A 企业的盈亏平衡点为

$$800\,000 \div （0.6 - 0.04 - 0.06） = 1\,600\,000 （元）$$

A企业至少要有160万元的收入才开始盈利。

通过盈亏平衡点，能够让企业知道要实现盈利最低的营业额是多少。企业可以推算销售收入要达到多少，才能实现期望的利润额。了解盈亏平衡点对企业成本管理至关重要，因为它是企业在确定销售量时的重要依据。

企业在进行薪酬设计时必须重点关注盈亏平衡点，主要有以下三点原因。

① 盈亏平衡点是衡量企业经营收入的底线。当业绩低于盈亏平衡点时，表明企业在亏损；当业绩高于盈亏平衡点时，表明企业在盈利。

② 盈亏平衡点的计算涵盖了人力资源费用预算，即薪酬的总额及分配模型。企业如果不知道盈亏平衡点，就无法进行基于目标的薪酬调整。通常来说，如果目标高于盈亏平衡点，此时企业就可以明确该目标的利润空间，进而在设计薪酬时，就可以知道有多大空间的利润能够用于薪酬分配去激励员工完成该目标，否则就容易演变成以下两种情况：

第一种情况是企业乱加工资，影响正常利润。

第二种情况则是员工工资不变，但是员工因缺乏激励而导致没有动力去完成目标。如果目标低于盈亏平衡点，此时企业也可以知道自己亏损了多少钱，可以综合考量是否需要调整薪酬，从财务层面判断如何调整薪酬以避免企业亏损。

③ 通过盈亏平衡点的推演，企业可以进行人才盘点，进而知道谁是资产型员工，谁是负债型员工。比如，一家企业的年度盈亏平衡点的业绩为1 200万元，销售人员为30人，那么销售人员的年均人效指标为40万元，高于40万元的员工则为资产型员工，即在帮企业赚钱的员工，低于40万元的则为负债型员工，即让企业亏钱的

员工。企业可以根据销售人员的业绩与年度盈亏平衡点的对比，从财务角度评定员工的贡献程度，进而指导企业的经营决策。

1.3.2　企业目标

企业目标是企业要达到各种目的的整体概念，具体包括企业业绩目标、利润目标、团队成长目标、市场份额最大化、企业成长速度最大化，等等。企业目标与薪酬设计密切相关。某种程度上说，不基于企业目标的薪酬设计是不懂经营的表现。

薪酬设计要关注企业目标，主要表现在企业目标决定了薪酬和薪酬策略的基本方向，不同的目标应当制定不同的薪酬方案。例如，初创期的企业目标是生存，为此企业一定要通过高于市场水平的薪酬策略留住核心骨干人才，而一般员工则采用市场一般水平的薪酬策略来节省人力成本。同时，对于初创期的企业来说，生存的关键是开拓市场、拓展业务，因此销售人员的薪酬应加大浮动比例，并与企业业绩相互挂钩。

企业在设计薪酬时，一般建议设计至少三个企业目标，即基于过去看现在的目标——保底目标；基于现在看现在的目标——实现目标；基于未来看现在的目标——冲刺目标。这三个不同的目标使得企业能够在财务预算中清晰地看到不同的费用和利润，也能反过来根据费用和利润的关系去评估工资比例及金额是否匹配，以更好地经营企业和激励员工。

1.3.3　企业利润

企业利润是指企业在一定时期内生产经营总收入减去产品生产成本及企业运营费用总额之间的差额，包括营业利润、投资收益和营业外收入净额。企业是通过给予员工报酬换取员工的劳动成果，而劳动成果在企业中的表现结果就是利润。因此，企业在设计薪酬时也要重点计算企业的利润。在设计薪酬时，可以通过关注获取利润与薪酬总额的关系，进而根据这个关系，调整薪酬策略或薪酬占利润的比例，以确保薪酬的合理性。

1.3.4　人员编制

人员编制是指基于企业所定目标、所用的管理方法（工具）、员工匹配的能力等综合考虑后设定的人员数量，包括组织架构层级、岗位数量、部门人员编制等。

企业在进行薪酬设计时，必须关注人员编制的原因在于如果不预先确认编制，预算工资总额及费用预算的制定就缺乏依据，薪酬总额与利润的关系就不匹配。这也是因为不少管理者缺乏对最基础的财务核算公式的理解，从而导致企业业绩虽高，但利润却很低。换句话说，虽然企业的业绩增加了，但是人员和费用跟着增加，结果增加的毛利润却被增加的人员和费用"吃掉了"，甚至可能出现所获得的毛利润无法弥补前两项费用增长的情况。

1.3.5　薪酬占比

企业在进行薪酬设计时要关注的第五个要素是薪酬占比。薪酬占比也是企业在设计薪酬时的重要参考依据，一方面企业可以了解薪酬占比在企业营业额中所占比例是否合理，另一方面也能帮助企业设计出更合理、更高效、更能够激发员工积极性的薪酬制度。

薪酬占比不仅直接关系员工的薪酬分配，还关乎员工薪酬激励的浮动空间。

具体来说，企业在关注薪酬占比时，需要重点了解以下两点。

（1）薪酬在整个企业营业额中的占比

薪酬占比与行业、企业经营性质、竞争环境等因素密切相关。一般来说，员工薪酬占比在不同性质的企业中是不一样的。销售型企业一般在15%～20%；生产型企业一般在20%～30%；外贸型企业一般在20%～40%；科研创新型企业一般在30%～50%。

需要强调的是，符合企业盈利预算、企业自身发展需要的薪酬占比才是最好的比例。

（2）不同层级和岗位员工的薪酬占比

在企业中，不同层级员工的薪酬占比往往不同，因此企业在做薪酬设计时要关注不同层级员工的薪酬占比情况。

薪酬占比主要分为固定薪酬占比和浮动薪酬占比。其中，固定薪酬是指不随业绩或工作结果实现程度而变化的薪酬，例如员工的基本工资；浮动薪酬是指直接与销售业绩和工作结果实现程度相关的薪酬，例如绩效工资、奖金等。

不同层级和岗位员工的薪酬占比如下：

① 普通员工的薪酬占比。薪酬对普通员工的激励性主要体现在满足基本生活需要，保障他们拥有较高的安全感，因此固定薪酬占很大的比例。通常情况下，普通员工的薪酬占比建议采取基本工资占80%、绩效奖金占20%的方式。

② 销售人员的薪酬占比。通常情况下，销售人员的固定薪酬占比较低，但浮动薪酬占比较高。同时，行业、企业经营性质、竞争环境等因素对销售人员薪酬占比影响也非常大，企业不仅要参考市场水平，还要根据企业所处阶段、产品特点、回款情况等设计销售人员的薪酬占比。

③ 管理人员的薪酬占比。薪酬对管理人员的激励性除了满足基本生活需要之外，还需要满足他们更高的需求。相比较来说，管理人员的固定薪酬比例一般较低，浮动薪酬比例则相应提高。具体来说，中基层管理者的薪酬占比为"固定薪酬：浮动薪酬=70%：30%或者60%：40%"；高层管理者的薪酬占比为"固定薪酬：浮动

薪酬 =40%：60% 或 30%：70%"。

④ 技术人员的薪酬占比。技术人员是指拥有一定技术支撑或技术资质等级的人员。由于技术人员的科技成果对企业影响较大，除了固定薪酬保持在一个合理水平外，浮动薪酬所占比重也要相应提高。

1.4　薪酬设计的六大误区

很多企业在薪酬设计中往往存在一些误区，包括市场薪酬调查工作不力、缺乏良好的薪酬提升机制、基本工资没有激励性、战略导向性不明、缺乏前瞻性和薪酬万能论等，从而影响了企业薪酬体系的有效性。

1.4.1　市场薪酬调查工作不力

薪酬设计的一个重要环节是通过收集行业薪酬数据、区域薪酬数据等市场薪酬调查工作来确定本企业的岗位薪酬。企业如果没有做好市场薪酬调查工作，可能会使得最终设计出来的薪酬缺乏市场竞争力。例如某一员工从一家企业离职并入职同行业另一家企业，发现月薪比原来的薪酬高出近一倍，这种外部不公平会导致该员工对原先企业做出负面评价。

虽然市场薪酬调查十分重要，但是不少企业并没有做好这部分工作，只是简单地询问同行或大致了解当前市场同行业薪酬情况就认为已经完成了市场薪酬调查工作。或者前期调查工作做了充分的准备，但是把调查数据直接用到企业本身，并没有做出一定的调整，导致调查而来的数据并不适合本企业情况。

针对这种情况，企业还要做好以下两件事情。

（1）重点了解市场薪酬数据的来源

在薪酬设计中，企业所使用的市场数据一般是竞争对手的薪酬数据。拿到这些薪酬数据之后，企业要对其进行一定的调整后再使用，以使得调整后的薪酬数据对本企业更具有实际意义。

例如，若企业使用的市场薪酬数据来源于本市的同类型知名大型企业，则说明这份薪酬数据总体上处于整体市场的高端位置。在设计薪酬时，企业就要根据自身的实际情况做出调整。比如，高层人员的薪酬可以采用该大型企业高层薪酬的60%～80%，中层人员的薪酬可以采用该大型企业中层薪酬的40%～60%，基层人员的薪酬可以采用该大型企业基层薪酬的30%～50%。根据企业实际情况调整后的数据，既可以让企业招募到适合的人才，又不至于承担过高的人力成本压力。

这部分内容我们在本章第1.2节行业数据中也有提到，同等规模企业的薪酬数据对企业更具有指导意义。

（2）重点匹配外部市场岗位和本企业岗位的差异

企业除了要看薪酬数据外，还要重点了解外部市场的岗位与本企业岗位的适配度。

匹配外部市场岗位和本企业岗位的差异要注意以下三点。

① 外部市场岗位和本企业的岗位之间的权限是否一致。

② 外部市场岗位和本企业的岗位之间的工作内容和范围是否存在太大的差异。

③ 依据岗位匹配的差异程度对市场数据进行修正。

1.4.2 缺乏良好的薪酬提升机制

不少企业的薪酬设计缺乏良好的薪酬提升机制，造成了企业内部不公平，具体表现为没有将员工的薪酬与业绩、利润贡献挂钩，也缺乏考核过程。例如，员工A技术水平高、工作态度好、工作时间长、工作结果好。但是，技术水平一般、工作能力一般、工作时间短的B员工的薪酬水平却与A员工的薪酬水平一致。类似这样的薪酬设计既会挫伤优秀员工的积极性，造成失衡的心理，又会增加优秀员工离职的概率。

如果薪酬没有体现内部公平，员工满意度的降低必然会影响其工作行为。相反，具有吸引力、竞争力的薪酬提升机制会提升员工满意度，随之而来的是较低的离职率。

因此，建立良好的薪酬提升机制是企业必须高度关注的问题。企业想更好地发挥出薪酬的激励作用，避免干好干坏一个样的局面，要提供岗位之间的晋升或下降的量化考核数据，让员工所获得的薪酬与其贡献呈现正比，让员工努力与价值创造直接挂钩，没有顾虑。

1.4.3 基本工资没有激励性

有激励性的薪酬制度在现代企业激励机制中具有重要的作用。在缺乏激励性的薪酬制度环境下，员工只能发挥20%～30%的潜能。相反，科学有效的薪酬激励能发挥出员工70%～80%的潜能。

但是在设计薪酬时，不少企业常陷入一个误区——虽然也意识到自身企业的基本工资缺乏激励性，但他们认为薪酬设计中的绩效、奖金、提成等会起到激励作用，并且认为这一举措既能降低企业的人力成本压力，也能激发员工更好地工作。其实不然，站在员工的角度看，某种程度上说，绩效、奖金、提成均存在变化，基本工资才是其最基本的保障。所以，缺乏激励性的工资制度很难让员工真正地投入到工作中，发挥出全部的能力。这对企业来说是一种损失。

例如，在我们所咨询的一个团建企业中，团建课程产品设计师非常重要，直接关系到企业能不能接到客户订单。按道理说，企业在薪酬设计时应该重视这样的关键岗位，但是该企业在我们入驻企业前并没有体现出这种倾斜。产品设计师的工作积极性没有被调动起来，工作起来得过且过，导致企业的团建产品创新不足，很快被同行超越。

基于此，企业的薪酬设计要规避基本工资没有激励性的误区。具体来说，企业在实行包括销售提成、奖金、分红及绩效薪酬在内的激励薪酬外，还要根据员工所创造的价值和做出的贡献以提升重要岗位员工的底薪，让其更有动力去创造价值或实现目标。

1.4.4 战略导向性不明

企业做薪酬设计要有明确的战略导向，不要一开始就陷入具体的设计细节中去。企业要根据战略目标确定关键岗位和关键人才，并根据关键岗位和关键人才设计合理的薪酬制度。因薪酬设计错误导致企业该留的人才没有留住，这是犯了战略导向性不明的错误。

此外，战略导向不明，也会导致薪酬的模型无法匹配战略。不少初创企业的管理者常认为薪酬就是发工资。这一问题的存在也反映出管理者对人力资源管理的理解不足。人力资源管理就是把人当资源、当资本。人是企业的重要资源和资本，应服务于经营目标，而经营目标则服务于企业战略。

薪酬设计的基本方向要由企业战略导向决定，并根据企业不同的战略调整相对应的薪酬战略。企业如果是发展型战略，那么薪酬方式就要采取追随式薪酬；如果是扩张型战略，薪酬方式就要采取领先式薪酬；如果是稳健型战略，薪酬方式就要采取滞后式薪酬。

1.4.5 缺乏前瞻性

企业的经营方式并不是一成不变的。企业的薪酬设计也要着眼于未来，不能局限于当前。然而，不少企业在薪酬设计时，常会陷入一个误区，即设计出来的薪酬缺乏前瞻性。

薪酬的激励性就是前瞻性的具体表现。具体来说，企业要让当下的优秀员工拿到激励性回报结果，并用这个激励性回报结果做示范，用以激发当下有潜力的员工和吸引未来的人才。此外，薪酬的前瞻性还表现在对人性的预判上，基于人性来设计薪酬，而不是因必须得发工资而做的应付式薪酬。进一步说，企业所设计的薪酬机制要能够在企业内部产生积极的影响和效果，让优秀的员工跑起来，让普通的员工动起来，让懒惰、缺乏上进心的员工慌起来。

1.4.6　薪酬万能论

薪酬万能论指的是企业过度依赖金钱作为解决问题的手段，认为金钱可以解决一切问题。但是，除了物质需求外，员工还有精神需求、成长需求、文化需求等。如果企业忽略这些需求的存在，同样也会引发很多的问题，比如，员工没有归属感、缺乏进取心、离职等。

基于此，企业在设计薪酬时，要抛弃薪酬万能论的观念，建立起相应匹配企业的晋升制度和荣誉制度，完善赋能培训体系及企业文化建设体系，全方位地关注员工的需求，并激励和满足其需求。

1.5　薪酬设计的"七步法"

薪酬设计方法应遵循"七步法"和"五定法"，我们先来介绍"七步法"。要想设计出一个有效的、合适的薪酬制度，管理者就要遵循薪酬设计"七步法"，分别是确定薪酬战略、确定薪酬模式、确定薪酬总额、确定薪酬结构、平衡企业内外部薪酬公平性、设计岗位和绩效及部门模式、制定薪酬优化和变动规则。

1.5.1 确定薪酬战略

确定薪酬战略是薪酬设计的第一步，薪酬战略应围绕企业的目标来设计。比如，有的企业采用利润式的动态薪酬战略，即用成果来衡量员工的贡献，并根据贡献来设计薪酬模型。在确定薪酬战略环节，最重要的一点是管理者要根据企业和团队的具体情况设置有本企业特色且适合自己的薪酬战略，而不能生搬硬套别人的薪酬模式。

1.5.2 确定薪酬模式

薪酬模式是指采取哪种薪酬分配方式。常见的薪酬模式包括以下六种。

① 固定底薪＋固定提成：适用于工作稳定、业绩波动小的岗位；

② 固定底薪＋变动提成：适用于工作稳定但业绩有一定波动的岗位；

③ 变动底薪＋变动提成：适用于业绩直接影响薪酬的岗位，如销售岗位；

④ 高底薪＋低提成：适用于需要稳定收入的员工，同时鼓励其实现一定的业绩目标；

⑤ 低底薪＋高提成：适用于愿意承担风险，追求高回报的员工；

⑥ 无底薪＋高提成：完全基于业绩的薪酬模式，适用于高度依赖业绩的岗位。

采用哪一种薪酬模式，企业需要根据实际情况进行设定，适合自己的才是最好的薪酬模式。

1.5.3 确定薪酬总额

薪酬总额是基于财务预算的年度薪酬总金额。通常，本年度薪酬总预算是基于上年度及前三个年度的数据来确定的。

薪酬总额通常采取以下两种方法计算：

① 通过总预算计算出薪酬总额。比如，前三年的薪酬总额与业绩的平均比例是13%，本年度的业绩目标是9 000万元，则得出本年度的薪酬总额预算为9 000×13%=1 170（万元）。

② 根据前三年的人均年度薪酬乘以本年度的人员编制，也可以得出薪酬总额。

1.5.4 确定薪酬结构

薪酬结构就是对薪酬的分解，常见的结构为：底薪（基本工资＋岗位工资）＋提成（个人提成＋团队提成）＋绩效（如动态绩效）＋工龄工资＋福利＋补贴＋奖金＋激励。随着企业的发展壮大，年终分红和股权激励等也将逐渐纳入薪酬结构中。

1.5.5 平衡企业内外部薪酬公平性

企业内部薪酬是指基于企业本身的目标和分配原则而设立的薪酬制度；外部薪酬是指本行业或本地区的工资水平和薪酬规则。

企业在制定薪酬制度时，不能一味地照搬行业或区域的薪酬模式。一方面，这些模式不一定适合企业自身；另一方面，若是企业没有适合自己的薪酬模型，也很难为企业的发展目标服务。因此，企业在关注并参考行业或区域薪酬模式的同时，应基于自身的发展目标和薪酬原则，设计具有自身特色的薪酬制度。

1.5.6 设计岗位和绩效及部门模式

在设计薪酬时，企业既要根据岗位不同设计不同形态的薪酬，也要根据不同部门设计不同的薪酬。

以营销型企业为例，营销型企业主要分为两大部门，分别为业务部门和职能部门。其中业务部门的薪酬以业绩为主导，强调的是收入与业绩的关系；职能部门的薪酬以工作能级为主导，强调的是收入与岗位能力的关系。

总体上说，我们在设计薪酬时提倡"一岗位一薪酬""一部门一薪酬"。岗位薪酬要和岗位职责与晋升匹配，部门薪酬要和部门职责与部门目标挂钩。

1.5.7 制定薪酬优化和变动规则

企业在设计薪酬时的最后一步就是要制定薪酬优化和变动规则。薪酬制度既不能频繁变动，也不能长期保持不变。一般来说，我们提倡薪酬制度一年一优化。

薪酬制度一年一优化的主要原因有以下三点。

（1）变动频繁影响团队和谐

薪酬制度是基于企业目标而定，而大多数企业都会在年末做年度规划。因此，薪酬制度需要与企业目标保持一致，并随着企业目标的调整而进行相应的优化。如果薪酬历经一个月或一个季度就变，也会影响团队内部和谐。

（2）有利于制定年度财务预算

通过年度薪酬优化，可以全面执行财务预算制度，了解企业盈利或亏损情况，并制定下个年度的财务预算。

（3）让员工建立年薪意识

企业可以通过一年一优化薪酬制度的方式，让员工建立年薪意识，具备长远发展的意识。既关注月度工资，也关注季度薪酬或年度薪酬，更有利于员工达成年度目标。

1.6 薪酬设计的"五定法"

精确的薪酬设计需要确定五个方面，即定组织架构、定编定岗、定人员、定人效、定目标。

1.6.1　定组织架构

薪酬设计不是基于某个人，而是基于某个岗位。为了明确各个岗位，企业需要确立其组织架构。

组织架构是企业的流程运转、部门设置及职能规划等最基本的结构依据。不同企业、不同行业、不同管理风格，设计出的组织架构也各不相同。

通过组织架构，我们就可以知道每个岗位的岗位职责、贡献值和能级。组织架构设计要做到"上下无交叉，左右无裂痕"。当明确了贡献值和能级，就可以设计该岗位的薪酬总额和系数。

常见的组织架构有三种，即金字塔式组织架构、矩阵式组织架构、社群式组织架构。

（1）金字塔式组织架构

金字塔式组织架构如图1-3所示，其特点是层级多、职务多。优点是职级清晰；缺点是管理臃肿、部门间协作困难、执行速度慢。

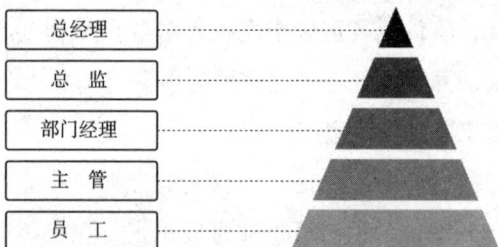

图1-3　金字塔式组织架构

（2）矩阵式组织架构

矩阵式组织架构如图1-4所示，其特点是专业和行为分开管理。优点是双重管理、扁平化管理、管理者少、管理成本低；缺点是可能出现冲突或推诿、可晋升的职务不多。

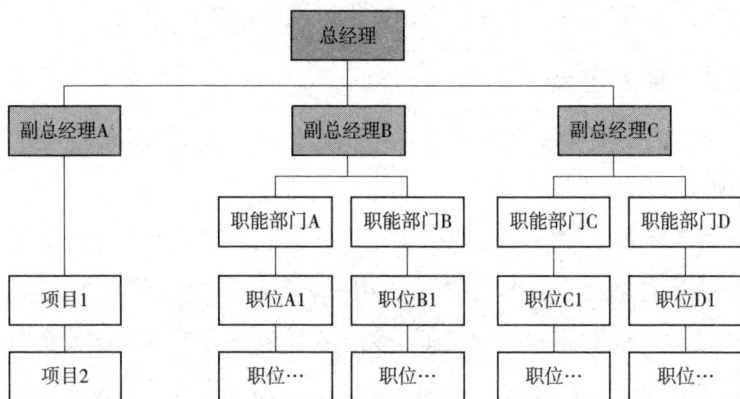

图1-4 矩阵式组织架构

（3）社群式组织架构

社群式组织架构更多见于互联网企业和创客式企业。常见的社群组织架构有金字塔形和中心环形，如图1-5所示。优点是目标分解清楚、核算单位清楚、管理成本更低；缺点是对企业的管理标准化、分配方案和企业文化建设要求高。

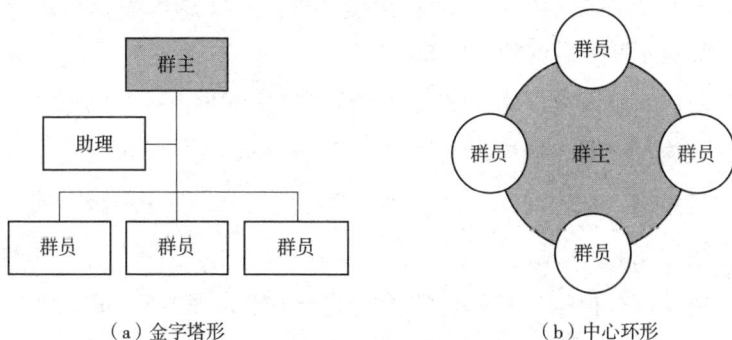

（a）金字塔形　　　　　　　　　（b）中心环形

图1-5 社群式组织架构的两种形式

企业可根据自身的情况和需求，选择适合自己发展的组织架构，并绘制组织架构图，为薪酬设计提供可视化参考。

1.6.2　定编定岗

企业在设计薪酬时，要根据组织架构和管理原则确认企业的员工编制和岗位职责。

员工编制是指各个部门、各个岗位上的员工人数。岗位职责是指一个岗位需要完成的工作内容和应该承担的责任范围。两者是紧密相关的，同时还和人均工资相关。在编制充足的情况下，企业可以更加明确地分配工作任务和职责，但人均工资水平的高低不仅与编制数量有关，还受到岗位职责的复杂性、工作难度和市场薪酬水平等多种因素影响。

员工编制和岗位职责看似是一个简单的问题，但是这个问题背后也与企业的战略规划、盈利模式和经营目标等密切关联。它们直接影响组织效率、人力成本费用和企业利润。可以说，定编定岗是做薪酬预算的必要条件。

建议企业执行全面预算管理，并且在定编定岗后，下级部门不能随意增加编制或岗位，即便增员或减员，也要遵循"增员要增效，减员不减效"的管理原则。

在定编定岗时，建议采取"四维定岗，三层定编"的方式，即从设计岗位职责、确定岗位权力、平衡岗位利益、平衡岗位能力四个维度定岗，从宏观定编、中观定编、微观定编三个层级定编。具体内容如图1-6所示。

企业可以根据自身的实际情况进一步丰富图1-6中的内容。定岗定编的内容越丰富、越具体，对于薪酬设计的意义越大。

专业化
高效化
设计岗位职责 — 安全化

决策
汇报
确定岗位权力 — 监督
协调

四维定岗

平衡岗位利益 — 通过贡献分析职责和利益是否匹配

平衡岗位能力 — 判断是否胜任、是否需要拆分职责和权力

定岗定编

企业历史人工结构
宏观定编 — 行业标准人工结构

岗位工作内容
工作量
中观定编 — 管理幅度
企业内部风险

三层定编

对生产人员
对业务人员
微观定编 — 对职能部门人员
对管理人员

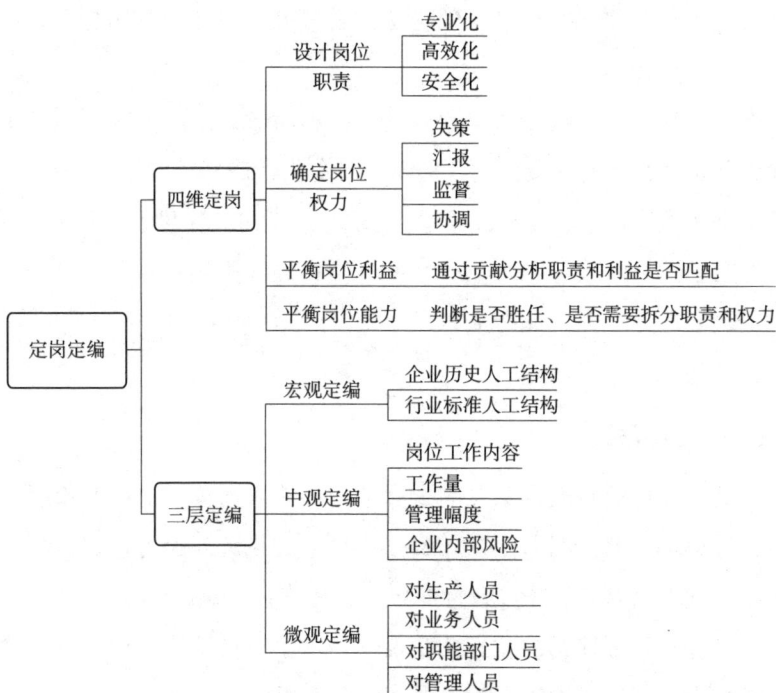

图 1-6 "四维定岗，三层定编"的具体内容

1.6.3 定人员

在完成编制和岗位的确定后，企业应对现有人员进行盘点，并将其一一对应到既定的编制和岗位上，从而明确哪些岗位已满员、哪些岗位需要招聘新人、哪些岗位需要人员调整，并根据这些岗位和编制的信息来定制薪酬方案。比如张某、李某、王某都属于营销部门，其中张某是营销总监，李某和王某是营销经理，营销总监和营销经理享有不同的薪酬标准。

1.6.4 定人效

人效即人的效率，是指一个企业的业绩目标或利润目标对应到

全员或部门的平均水平。人效是企业进行人才测评和薪酬制度设计的一个重要指标。

人效的高低反映了员工的贡献值，因此设计薪酬时应根据员工的人效水平来确定薪酬比例。例如，某企业2022年的业绩为5 000万元，业务人员总数为50人，因此业务人员的2022年度人效为100万元/人。若该企业的盈亏平衡点为3 000万元，则其业务员的最低人效应为60万元/人，此时人效低于60万元的业务员被视为不合格，反之则被视为合格。

1.6.5　定目标

定目标指的是根据企业的不同部门和不同岗位所对应的年度目标，并分解到每个月每名员工身上。企业在设计薪酬时，也要基于每个人的月度目标、季度目标和年度目标进行考量。

没有与目标挂钩的薪酬体系仅仅是为了支付工资，这样就忽视了薪酬在衡量财务绩效及激励员工实现目标方面的作用。相反，如果能够有效地将薪酬与目标挂钩，不仅可以减少管理成本，还有助于员工实现目标。

第2章

业务部门薪酬设计实操

业务部门在设计薪酬体系时，既要规避业务部门薪酬设计中常见的问题，并根据业务部门的特点做好针对性的处理，又要遵循一定的步骤，确保薪酬设计的有序和合理。

2.1　业务部门薪酬设计中常见的八大问题

业务部门薪酬常见的八大问题，包括提成只和合同挂钩而不与回款挂钩、没有或者很少的绩效工资、牺牲价格和利润换提成、费用实报实销、提成年底结算、吃"大锅饭"、区域市场承包制、为了业绩乱给客户承诺。

2.1.1　提成只和合同挂钩而不与回款挂钩

业务部门薪酬常见的第一大问题就是提成只和合同挂钩而不与回款挂钩。提成一般是指以员工销售额乘以约定的百分比，奖励给员工的货币数额。很多企业的提成一般是签订合同之后的当月或次月开始发放。

但是，当提成只和合同挂钩而不与回款挂钩时，就会产生以下一些问题：

①销售人员只注重业绩而不关心回款，加大企业收款难度和收款成本；

②销售人员可能为了获得订单而给客户不当承诺，人为地拉长回款周期，导致企业现金流紧张；

③考核现金流将导致只有账面利润，造成企业盈利的假象。

很大程度上说，销售只有实现了回款，才是成功的。销售人员是发掘客户、联系客户的第一人，对客户有着最直接的了解。因此，他们应该是回款第一责任人。同时，企业把回款责任压在销售人员身上，也是确保销售款项的及时回笼的有效办法。

2.1.2　没有或者很少的绩效工资

不少业务部门认为销售人员有提成，因此设计薪酬时并不将绩效工资纳入其中，于是出现业务部门员工绩效工资没有或者很少的情况。其实，绩效工资和提成并不是二者必取其一的冲突关系，它们可以共同存在，绩效工资和提成都可以归入薪酬结构中。

绩效工资是以绩为基础，以效为考核，对员工工作完成情况及完成质量进行有效考核，实现将工资与考核结果相挂钩的工资制度，也称作浮动工资。绩效工资有固定额度，是已知的，完成绩效任务就可以获得。而提成是根据一定的销售额或者盈利额按照一定比例给员工的分成，确定的是分成比例，而非最后的收入数额。

某种程度上说，员工往往更容易被明确的承诺（如金钱、奖品）所激励，而未知的奖励可能会使员工感到不确定，进而可能对企业产生不信任感。若业务部门因员工享有提成而忽略设置绩效工资，可能会影响员工的积极性，进而影响团队的整体效率。

另外，绩效工资没有或者很少，也意味着工作结果的好坏对员工的工资并没有直接影响。相反，若是设置了绩效工资，企业也可以通过鼓励员工追求"绩"的同时，也追求符合企业要求的"效"，这样可以激发每个员工的积极性，从而实现企业目标。

2.1.3　牺牲价格和利润换提成

不少销售员为了获得高提成，选择牺牲价格和利润为代价。例如，当客户对产品有购买意愿，但因产品价格而犹豫时，销售员为了能顺利获得提成，会自行降低产品价格或压缩利润空间以寻求成交。然而，这种做法却可能带来一系列负面影响。

企业经营有特定的运营成本，包括房租、水电、办公费用等固定成本和运输费用、人工工资等变动成本。因此，产品的销售价格必须要有一定的毛利率空间。如果销售员自行降低销售价格，虽然业绩可能会上升，但毛利率会降低，导致企业减少或失去利润。同时，客户可能会因为价格下降而对商品质量产生怀疑，从而影响企业的品牌形象。这种牺牲价格和利润换提成的方式，实际上得不偿失。

2.1.4 费用实报实销

实报实销是指根据实际的支出报销账目。简单来说，实报实销即员工在出差或工作应酬中的任何开支，企业都会给予报销，且没有明确的报销标准。虽然从员工的角度看，实报实销可能看似吸引人，但这种报销方式确实存在不少弊端。

最直接的弊端是增加了企业的成本压力。在出差或工作应酬时，员工考虑到实报实销的制度，可能会选择高标准的消费，如入住高档酒店、购买贵重礼品等，造成浪费。

同时，这种行为也容易让员工养成铺张浪费的习惯，甚至滋生腐败。任何资金的浪费都会带来严重的后果。比如，损害企业的资产，导致资源的流失；影响企业制度的正常执行，引起其他员工的效仿；削弱团队的凝聚力，导致员工缺乏整体性和协作性；使计划因散漫而无法有效实施。

基于此，企业需要制定一套完善的财务报销制度，让费用固定化、明确化，进一步说，企业既需要明确报销的标准（包括报销项目、时间、次数、形式、流程等）与员工收益进行直接挂钩，又需要将完善的财务报销制度公布给每一位员工，让其成为全企业上下所有员工的共识。这样才能有效地减少浪费，增加企业利润。

2.1.5 提成年底结算

不少业务部门的薪酬常常采取提成年底结算的方式，主要有以下三点原因。

①留住员工，防止出现员工突然离职而带来的用工荒；

② 降低费用支出，当员工中途离职，企业就可以省下原先需要支付给该员工的提成；

③ 短期内缓解资金压力。

虽然企业从自身角度出发，认为提成年底结算对自己非常有利，但是这一行为会带来很多问题。

首先，员工可能会诉诸法律寻求帮助。

根据《工资支付暂行规定》第九条规定："劳动关系双方依法解除或终止劳动合同时，用人单位应在解除或终止劳动合同时一次付清劳动者工资。"

根据《中华人民共和国劳动争议调解仲裁法》第四条规定："发生劳动争议，劳动者可以与用人单位协商，也可以请工会或者第三方共同与用人单位协商，达成和解协议。"

根据《中华人民共和国劳动争议调解仲裁法》第五条规定："发生劳动争议，当事人不愿协商、协商不成或者达成和解协议后不履行的，可以向调解组织申请调解；不愿调解、调解不成或者达成调解协议后不履行的，可以向劳动争议仲裁委员会申请仲裁；对仲裁裁决不服的，除本法另有规定的外，可以向人民法院提起诉讼。"

可以看出，如果约定的部分提成年终才发放，当员工中途离职，企业以此为由不发放提成，会涉及法律问题。当员工诉至法律，企业就要花费时间、精力与员工协调，甚至因此承担法律处罚。

其次，提成年底结算是不科学的，心理学研究的结果显示"即时激励"是提升销售团队士气，促成正反馈的重要方式。

最后，一般情况下，销售人员的底薪不会太高，如果提成一年发一次，会使员工的日常开支和生活质量难以保障，容易滋生抱怨，影响工作情绪和工作效率。

2.1.6 吃"大锅饭"

"吃大锅饭"是指不管干得如何，报酬、待遇都一样。业务部门为了避免员工之间冲突，让每一个员工都能开心地工作，或者避免出现"不患寡而患不均"的心理，会实行"吃大锅饭"制度，进一步讲，员工拿固定底薪＋平均提成，年终奖金的发放依据管理者对员工全年表现的主观评估。

这种"吃大锅饭"的薪酬制度就会导致员工觉得做得"差不多"程度就可以了，甚至有能力的员工因担心其他员工排斥或者付出没有得到对等的回报而不想表现得太突出，从而导致整个企业业绩上不去。

2.1.7 区域市场承包制

区域市场承包制是指业务员向企业承包区域市场，并负责该市场开拓与维护的业务形式。这种业务形式赋予了业务员比较灵活的经营方式和独立的决策权。它在一定程度上解决了人员不稳定问题、费用浪费问题、工作积极性问题，以及责任制问题。但是区域市场承包制也存在不少问题。

（1）业务员门槛高，招聘难度大

一方面是总部对业务员的招聘要求高，导致很难招到合适的人才；另一方面是前期市场开拓成本高，一般业务员对此兴趣并不高。

（2）管理漏洞多，监管难度大

一方面是双方无法形成一套合理的分配机制；另一方面是由于市场离总部距离较远，企业很难监控市场，容易出现业务员收受贿赂、兼职、与其他企业暗下合作等情况。

（3）合作不对等，企业风险高

一方面是一旦业务员能力提升、渠道建成，往往会与总部叫板；

另一方面是如果区域出现问题，承担品牌风险和经济损失的是企业。

2.1.8 为了业绩乱给客户承诺

不少销售员为了能顺利与客户成交、获得业绩，随意承诺企业没有的优惠条件，或者答应客户不合理的要求。

例如，某企业突然接到法院传票，经过仔细调查才发现，一名销售员钻了企业管理上的漏洞，给客户办理的购车手续不全，过户存在问题，客户出事故后才发现该销售员当初承诺的全包服务是假的，于是将该企业告上了法庭。

上述案例中，销售员为了业绩，乱给客户承诺带来了严重的后果，造成企业利益或名誉的损失，引发客户与企业的法律诉讼。

要想解决这一问题，企业就要在制度中明确禁止私自承诺及相应处罚的规定，让员工意识到私自承诺是违规行为。员工在工作中就会时刻注意，打消侥幸心理，规范自己的行为。这在一定程度上减少了私自承诺的发生。

2.2 业务部门要执行十个分开

为了提升企业的业绩，增加利润，同时最大化地发挥出业务人员的创造力和积极性，业务部门需要执行十个分开。

2.2.1 销售和客户服务分开

不少业务部门并没有将销售和客户服务分开。虽然这种做法有一定道理，因为客户遇到问题时，可能仍然会找之前与自己对接的销售员，销售员在面对客户咨询时，也能做出一定的解答。但是，无论从专业度还是时间方面考量，销售人员都很难真正地做好客户服务工作。同样，客户服务工作人员也很难有时间和精力去做好销售工作。

因此，为了让销售人员有更多的时间去开发更多的客户，同时也能给客户提供更好的服务，企业要将销售和客户服务分开。

首先，分工更细，责任更清，效率更高。有的销售员处理客户服务问题并不专业，不仅影响客户的心情，处理问题的效率还低。但是，当销售和客户服务分开后，让销售员去做开发客户的工作，让客户服务人员做售后服务的工作，这样效率更高。

其次，销售和客户服务分开，有利于做好薪酬管理。当销售和客户服务不分开并且客户服务参与提成分配时，很容易造成客户服务人员因为提成而不专于售后工作。例如，在售后过程中出现问题不给客户解决，而是劝客户再买一个新的，损害客户的利益、企业的声誉。

2.2.2 销售与收款业务岗位分开

企业在岗位设置时，必须保证销售与收款业务的岗位分开设置，实行销售与收款相互分离，做到互相监督、牵制，不得由一个人既负责销售，又负责收款。销售部门负责完成销售，包括制订销售计划、价格谈判、处理订单、签订合同、催收货款等；财务部门负责核定销售价格、开具发票、结算销售款项及督促应收账款回收等。

实行销售与收款业务岗位分开，可有效避免账实不符、资金截流等现象发生。

2.2.3 老客户和新客户分开

企业的生存和发展靠创造利润来实现，而企业的利润来自客户。客户主要分为两类，一类是新客户，需要销售员通过各种途径去开发、争取；另一类是老客户，即已经购买过企业的产品，并对产品感觉满意，经企业专心维护会愿意连续购买产品的客户。不少销售人员常常将老客户和新客户一并管理，但是要想充分发挥出老客户和新客户的价值，业务部门就要进行分开管理。老客户和新客户分开管理有以下三点原因。

（1）老客户和新客户对企业的重要程度不一样

虽然老客户对企业有着重要的价值，但是开发新客户是企业持续拓展业务领域的关键途径。尤其是处于初创期和成长期的企业，开发新客户更是重中之重。另外，开发新客户让企业更有底气去淘汰一些不合格的老客户，服务好优质客户。不少老客户常常会要求获得增值服务，而不愿意增加费用。企业要保障收益的持续增长，需要不断地淘汰不能提供合理利润的客户，即使是多年的老客户。

（2）开发新客户和维护老客户的成本不一样

维护老客户的成本较低，主要是销售员的时间和精力成本。企业开发新客户的成本较高，除了销售人员的时间和精力成本，还有沉没成本。

（3）老客户和新客户给企业创造的价值不一样

老客户是企业维持业务稳定的基础。老客户不断给企业提供固定价值的同时，企业也可以挖掘老客户的新需求，从而使老客户不断对企业提供新的价值贡献，甚至企业可以通过服务老客户吸引新客户及获得转介绍。新客户对企业的价值贡献为能够给企业带来新的利润和新的价值渠道。

2.2.4　旧市场和新市场分开

业务部门要实行旧市场和新市场分开管理的策略，因为旧市场和新市场对企业的价值贡献意义不一样。通常，旧市场起支撑作用，新市场起持续发展和扩张作用，均须给予市场人员一定的激励。

企业要想拓展市场和持续发展，需要市场开发人员不断地开发新市场，企业也要给予他们较高激励性的业务提成。同时可以连续几年给予市场开发人员一定比例的提成，如第二年给予新开市场的业务人员的提成比例为新开市场提成标准的50%，第三年以后给予新开市场提成标准的30%，依次递减。而旧市场作为存量市场，对企业发展依旧有着重要的意义，因此也需要给予市场开发人员相应比例的提成。

2.2.5　老产品和新产品分开

一般来说，老产品具有一定的知名度和市场成熟度，不需要花大力气去开拓推广，因此业务部门要对销售老产品的销售员的业绩进行单独计算；而新产品需要销售人员花费更多精力去不断开拓和推广，其难度相较于老产品通常更大，因此给出的激励水平或提成比例应该要比老产品高出一倍以上。

2.2.6　高利润和低利润分开

企业的产品受科技含量、成本因素、推出时长、市场竞争、市场成熟度等因素影响，不同产品的毛利率会有很大不同，因此，企业的不同产品均需要存在于市场上。对于不同的产品，企业对业务人员的销售导向和提成比例就要有所不同。

一般情况下，高利润产品的提成比例高，低利润产品的提成比例低。当然，也存在占领市场或为了引流的情况，此时企业的业务导向也会发生变化，激励方式也有所不同。

2.2.7　存量业务和增量业务分开

存量业务是企业现有的业务，增量业务是企业新增的业务。存量业务只需要市场维护，业务人员付出程度相对较低，而增量业务通常难度更大，业务人员相对付出劳动量也较大。因此，业务部门要将存量业务和增量业务分开管理。

2.2.8 费用业务和利润业务分开

费用业务是指以花钱跑市场的业务，包括收集信息、市场开拓、客情维护等，以过程及效果为导向。费用业务是企业业务的重要组成部分，重点在于做好过程管理和制定出合理的绩效管理制度。

利润业务是指完成销售成交、销售协议等活动，以结果为导向。利润业务是企业的最终目标，重点在于要制定科学合理的提成及激励机制。

2.2.9 自开市场和接手市场分开

自开市场是指业务人员主动开拓并开发的市场，激励机制需要有较好激励性，以有效地激发业务人员的积极性；接手市场是指业务人员从离职员工手中接管的业务或从其他员工手里调整接管过来的业务。那么，从离职员工手中接管的业务可以按照存量市场进行管理，从其他员工手里调整接管过来的业务需要给予原业务人员一定的持续提成。

2.2.10 自开业绩和辅导业绩分开

自开业绩是业务人员自己开拓的市场业绩，辅导业绩是在师傅辅导下徒弟开拓的业绩或者团队长带领团队开拓的市场业绩。由于两种情况不一样，则应该分开计算提成。通常来说，自开业绩按个人提成进行激励，辅导业绩按团队业绩对师傅或团队长进行奖励。

2.3 业务部门薪酬设计的"七步法"

业务部门的薪酬设计是一个系统的工作，但是企业可以按照"七步法"有的放矢地展开，从而设计出一个合理的、没有遗漏的薪酬制度。

2.3.1　设计薪酬结构

薪酬结构是指企业薪酬的组成结构。通常根据企业的经营战略、经济能力和市场薪酬水平而设计的岗位薪酬组成要素，旨在反映员工个人贡献的差异化。

首先，我们先确认薪酬结构由哪些内容组成。一般来说，薪酬结构是由基本工资、绩效工资、业绩提成、福利津贴、年终奖金等组成，具体内容见表2-1。

表2-1　薪酬结构及其具体内容

薪酬结构	具体内容
基本工资	分为职位工资和技能工资两个部分。职位工资是根据不同的职位而设定相对应的薪酬；技能工资需要根据员工的学历、专业技能、工作能力等因素确定等级，设定相对应的薪酬
绩效工资	是对员工工作过程和工作结果进行评估考核的工资
业绩提成	企业按企业或部门业绩的一定比例对相关业务人员给予的激励
福利津贴	包括医疗保险、失业保险、养老保险、出差补助、高温津贴、年节津贴等
年终奖金	是企业按规定对员工一年工作的奖励

企业在设计业务部门的薪酬结构时，可以参照以下两点。

（1）不同岗位的薪酬结构优化策略

不同岗位创造的价值不同，工作重点及努力方向也不同，因此薪酬结构也会有所不同。在优化薪酬结构时，企业要针对不同岗位的特点设计不同的薪酬结构，并根据岗位价值进行薪酬结构优化。

一般来说，对企业利润、销售额或者对战略目标实现影响大的岗位，如销售岗位，其浮动薪酬所占的比例应该较大；而对于行政、人力资源等岗位，其浮动薪酬所占的比例应该较小。

但是，有的岗位工作不容易量化，那这样的岗位怎么办呢？企业可以通过细分过程及行为目标等方式进行考核。例如，业务拓展经理可以根据当时签订的具体客户一项项核对是否完成，以确定薪酬的发放。

（2）不同层级员工的薪酬结构

在企业中，不同层级员工的薪酬结构往往不同，因此企业在优化薪酬结构时要针对不同层级员工采取不同的策略。

首先，基层员工的薪酬结构策略核心在于保障他们的基本生活需要。因此，基层员工的薪酬结构优化建议采取"固定薪酬+福利津贴+浮动薪酬+年终奖金"的模式。其中，固定薪酬的占比要高，浮动薪酬的占比要低，福利津贴、年终奖金这种短期激励的占比应合理。

其次，中层员工的薪酬结构策略核心在于提高浮动薪酬占比。薪酬对中层管理人员的激励性除了满足基本生活需要之外，还需要满足他们更高的需求。因此，中层管理人员的薪酬结构优化建议采取"固定薪酬+绩效薪酬+业绩提成+福利薪酬+短期激励"的模式。其中，固定薪酬的占比要低，绩效薪酬、业绩提成这类浮动薪酬的占比要相应提高，同时适当增加福利薪酬等中期激励和短期激励。

最后，高层员工的薪酬结构策略核心在于增加中长期激励。与中层管理人员相似，薪酬对高层管理人员的激励性除了满足基本生活需要之外，还要满足他们更高的需求。与中层管理人员不同的是，高层管理人员的工作成果对企业影响较大且可以自由控制，所以浮动薪酬所占比要相应提高，同时相应增加长期激励。因此，高层管理人员的薪酬结构建议采取"基本工资+岗位工资+绩效薪酬+业绩提成+福利薪酬+短期激励+长期激励"的模式。其中，基本工资、岗位工资等固定薪酬的占比应该最低，短期薪酬的占比要进一步降低甚至低于长期薪酬的占比，而长期激励和绩效薪酬、业绩提成等浮动薪酬的占比要有所提升。

除了根据不同员工的层级设计薪酬结构外，企业还可以从岗位需要付出的努力、责任范围、任职资格等要素的角度，并结合企业的发展战略，确定各个要素的权重，然后对企业内各岗位进行统一的评价之后，再设计出更合理、更能发挥价值的薪酬结构。

2.3.2 设计底薪

底薪指除去提成、社保、奖金及绩效外拿到的最基本的保障工资。企业在设计业务部门底薪时要注意以下四点。

（1）考虑当地最低工资标准

《中华人民共和国劳动法》（以下简称"劳动法"）第四十八条规定："国家实行最低工资保障制度。最低工资的具体标准由省、自治区、直辖市人民政府规定，报国务院备案。用人单位支付劳动者的工资不得低于当地最低工资标准。"

劳动法第四十九条规定："确定和调整最低工资标准应当综合参考下列因素：（一）劳动者本人及平均赡养人口的最低生活费用；（二）社会平均工资水平；（三）劳动生产率；（四）就业状况；（五）地区之间经济发展水平的差异。"

国家实行最低工资保障制度，用人单位支付给劳动者的工资不得低于当地最低工资标准。最低工资保障制度适用于我国境内的所有企业，包括国有企业、集体企业、外商投资企业和私营企业等。

最低工资是指劳动者在法定工作时间内提供了正常劳动的前提下，其所在企业应支付的最低劳动报酬。它不包括加班加点工资、中班、夜班、高温、低温、井下、有毒有害等特殊工作环境、条件下的津贴，以及国家法律法规、政策规定的劳动者保险、福利待遇和企业通过补贴伙食、住房等支付给劳动者的非货币性收入等。

企业设计底薪一定不能低于当地的最低工资标准，以保障劳动者的合法权益。低于当地最低工资标准，劳动者拥有举报和投诉的权利，企业也因此触及法律问题。

除了不能低于当地最低工资标准外，企业设计底薪时还需考虑当地的经济水平。一般来说，处在经济水平高、实力强的城市的企业，底薪会定得高一些；处在经济水平较低、实力较弱的城市的企业，底薪也会定得低一些。

（2）考虑企业的经营成本和盈利情况

企业设计薪酬要考虑经营成本和盈利情况。如果经营成本过高，企业的负担也会比较重，盈利情况比较不乐观，那么企业就相对很难定出高底薪。相反，如果经营成本较低、资金压力不大、盈利情况也较好，企业一般也愿意将底薪定得高些。

因此，企业在设计底薪时，需要关注企业当前的经营成本和盈利情况，以设计出一个相对适合且促进企业发展的底薪。

（3）考虑工作岗位的重要性

企业在设计底薪时，一般要对不同的岗位实行不同的底薪制度，这主要是基于工作岗位的难度和任职需求来考虑的。通常情况下，难度大、任职需求高的工作岗位的底薪一般会高于难度小、任职需求低的工作岗位的底薪。同样，核心岗位的底薪也要比一般工作岗位的底薪要高。

（4）考虑同行业的整体薪酬水平

企业在设计底薪时，除了要考虑以上三点外，还要考虑同行业的整体薪酬水平。如果底薪比同行业的薪酬水平低得较多，那么该企业可能会失去对人才的吸引力。但是，如果企业的底薪定得比同行业高得多，甚至远远高于同行业水平，那也是不现实的，必定也会增加企业的经营成本。

综上所述，在设计底薪时，企业既要考虑当地最低工资标准，也要考虑企业的经营成本、盈利情况、工作岗位的重要性，以及同行业的整体薪酬水平，进而确定出适合自身的底薪。

2.3.3　设计提成

提成是很多业务部门员工都非常关心的一项制度，良好的提成制度能够有效地激发员工工作的积极性和创造性，进而整体提升团队的效益。一般来说，企业的提成制度强调以业绩为导向，以工作业绩和能力拉开收入水平，充分调动员工的业务积极性。

具体来说，企业在设计业务部门提成时，最重要的就是分级设置，即业绩成绩与提成系数成正比，让业绩好的员工能够获得更多的提成。例如，某销售员 2023 年的销售收入是 10 万元，那么他可以拿到 5% 的提成。但是，如果该销售员 2024 年的销售收入是 12 万元，那么其提成比例也可以相应地提高。也就是说，销售业绩越高，提成比例就越高。通过这样的方法，能有效地激励团队不断努力去做增量。

所以，业务部门在设计提成时，可以根据员工每月完成的任务标准确定提成。例如，每月完成基础目标以下，无提成；完成基础目标，按 2% 提成；完成实现目标，按 3% 提成；完成挑战目标，按 4% 提成；完成奋斗目标，按 5% 提成。

为了能够直观地展现出提成比例，下面以 ×× 科技企业销售部经理的薪酬结构表为例。表 2-2 中可以明确地看出达成的目标不同，所获得的提成系数也不同。

我们可以从表 2-2 中得到以下信息。

① 销售经理每月底薪为 7 100 元～10 600 元，其中基本工资

表2-2 ××科技企业销售部经理的薪酬结构

部门年度目标/万元	月度目标/万元	底薪						月度业绩提成		年终奖	
		基础工资/元	岗位工资/元	固定工资合计/元	绩效工资/元	底薪工资合计/元	固定占比	绩效工资占比	提成比例	提成金额	奖金比例	年度金额/元
奋斗目标 3 000	250	2 100	5 500	7 600	3 000	10 600	72%	28%	0.35%	8 750	0.08%	24 000
挑战目标 2 768	230	2 100	5 000	7 100	2 500	9 600	74%	26%	0.30%	6 920	0.07%	19 376
实现目标 2 133	178	2 100	4 000	6 100	2 000	8 100	75%	25%	0.25%	4 444	0.06%	12 798
基础目标 1 583	132	2 100	3 500	5 600	1 500	7 100	79%	21%	0.20%	2 638	0.05%	7 915

2 100元，岗位工资按业绩变动，为3 500～5 500元。

② 绩效工资关注过程管理、行为管理、需求沟通、客户服务、客情维系等事项，为1 500～3 000元。

③ 业绩提成根据业绩梯度设置不同的提成比例，范围在0.2%～0.35%，平均到每个月的提成金额可达到2 638～8 750元。每个季度可暂预发6 000元提成，年终与合同回款挂钩，年度结算。

④ 年终奖综合合同金额与回款金额，各占50%权重，按合计业绩的0.05%～0.08%核发年终奖。该销售部经理的月度薪酬总额根据年终业绩核算，范围在1万余元到2万余元（不含福利），年度薪酬总额则在12万余元到25万元。

2.3.4 设计奖金

奖金是支付给员工完成预期目标任务或超额目标任务及增收节支的劳动报酬。奖金的价值在于可以正向地强化员工的工作行为和工作表现。例如业务部门设计出"科技创新奖"，用于奖励在业务流程上实现科技创新的员工，这样就能在业务部门内营造出一种科技创新的氛围，鼓励员工积极创新。

具体来说，企业在设计业务部门的奖金时，要关注以下两点。

（1）明确为什么而奖

通常，奖金类型根据奖金的周期可分为月度奖金、季度奖金和年度奖金。根据发放频率可分为经常性奖金和一次性奖金。经常性奖金一般是对业绩达成的奖励，企业产值、成本和利润指标都可以作为奖励的基数。对于业务部门来说，无论是销售部门的销售额、回款额，还是生产部门的产量，都是比较重要的业绩指标。根据企业利润达成情况进行奖励，既可以覆盖全体员工，也可以侧重重点人员。一次性奖金是指企业根据全年目标达成情况及全年经济效益的综合考核情况，向全年工作业绩考核优秀的员工发放的一次性奖金。业务部门可根据部门的情况，为员工发放一次性奖金，以更好地激励业务人员。

因此，业务部门在设置奖金时，需要明确采取什么形式的奖励，以及为什么奖励、奖励哪些行为、如何奖励等问题，这样才能更好地发挥奖金的激励作用。

（2）如何奖

业务部门在设计奖励环节时，需要重点关注三个方面的问题，即奖励的比例、不要轻易改变奖励的比例，以及奖金要及时发放。

① 奖励的比例。奖金的比例要适当且合理，既不能太高，也不能太低，比例太高会增加企业的资金压力，而比例太低又会导致员工没有积极性。

② 不要轻易改变奖励的比例。即便改变比例也要经过深思熟虑，且改变适宜增加奖金而非随意地降低奖金。

③ 奖金要及时发放，通常每月一发为宜。值得强调的是，奖金本身是一种激励，但若是运用不当可能会产生负面效果，甚至引起人员流动。尤其是作为本不是必须奖的年终奖，不仅是要以成绩说话，更要以企业对人才的需求为方向。

2.3.5 设计津贴

津贴是指补偿员工在特殊条件下的劳动消耗及其他非常规工资的工资补充形式，包括高温津贴、野外工作津贴、生活费补贴、出差补贴等。津贴的发放能够给员工提供物质上的补偿和精神上的激励，让员工感受到企业的关怀，进而更发自内心地拥护企业，为企业创造价值。

在设计业务部门津贴时，企业需要考虑能力、资历等个人差别因素及工作生活差别因素和岗位差别因素等三个方面。下面，我们具体分析。

（1）个人差别因素津贴

个人差别因素津贴主要关注的是员工个人因素，如知识、技能、资格等，比如学历津贴、职称津贴、资质津贴、工龄津贴等。在设计业务部门津贴时，企业要考虑到业务人员的一些个人因素津贴，并给予与之相对应的津贴。以学历津贴为例，有的企业规定大专及以下学历200元/月，本科学历300元/月，硕士学历500元/月，博士学历1 000元/月。

（2）工作生活差别因素津贴

工作生活差别因素津贴是由于员工特殊劳动消耗或额外生活支出等而给予的津贴，如高温津贴、加班津贴、出差津贴等。

① 高温津贴。员工在高温环境下连续作业，可享受高温津贴。企业也可以根据作业环境的温度和劳动繁重程度的不同，将高温津贴设为A、B、C三级标准。

② 加班津贴。劳动法第四十四条规定："有下列情形之一的，用人单位应当按照下列标准支付高于劳动者正常工作时间工资的工资报酬：（一）安排劳动者延长工作时间的，支付不低于工资的百分之一百五十的工资报酬；（二）休息日安排劳动者工作又不能安排补休的，支付不低于工资的百分之二百的工资报酬；（三）法定休假日安排劳动者工作的，支付不低于工资的百分之三百的工资报酬。"通常，日工资按平均每月计薪天数21.75天折算，小时工资在日工资基础上除以8小时。

例如，某员工的日工资为每天200元，那国家法定节假日加班津贴为每天600元（200元×3），国家法定休息日加班津贴为每天400元（200元×2）。一般情况，项目岗位员工具有特殊性，可只享有国家法定节假日加班津贴；职能部门员工享有国家法定节假日、休息日加班津贴。

③出差津贴。出差津贴标准参照当地食宿及生活水平，并结合企业的财务制度制定。一般来说，业务人员的级别越高，补贴标准也越高，如某企业出差津贴见表2-3。

表2-3 不同级别的员工出差津贴数额标准

单位：元/（天·人）

员工级别	通信津贴	交通津贴	食宿津贴	业务招待津贴
经理及以上员工	50	100	400	限额报销
主管级员工	30	50	300	限额报销
一般员工	20	30	200	限额报销

另外，出差补贴因出差城市的不同，也会有所差别。

（3）岗位差别因素津贴

岗位差别因素津贴是企业为了弥补员工在特殊岗位工作的一种辅助工资的形式，按照岗位津贴的不同功能划分为五大类，分别是技术性津贴、地区性津贴、岗位性津贴、生活性津贴和年功性津贴，见表2-4。

表2-4 岗位津贴的五大类及其含义

岗位津贴	含 义
技术性津贴	指补偿员工的知识技能而建立的津贴
地区性津贴	指补偿员工在某些特殊的地理自然条件下的额外工作付出及额外生活支出而建立的津贴
岗位性津贴	指补偿职工在特殊岗位劳动的额外消耗及特殊贡献而建立的津贴
生活性津贴	指给员工提供额外生活物资而给予的补偿
年功性津贴	指职工在职期限内，按年工龄长短发放补偿的津贴或补贴，简单地说，年功性津贴就是工龄工资

企业在设计业务部门岗位津贴时，要注意以下四点：

① 企业要将业务部门的岗位津贴与业务人员的岗位和实际工作紧密结合起来，并应根据不同的工作岗位、工种、工作条件、环境或范围，领取不同金额的岗位津贴。要体现出岗位津贴补偿性的特点，而不应该是所有的员工都是平均发放。同时，岗位津贴应该和岗位直接挂钩，而不是和从事该工作岗位的人绑定在一起。

② 岗位津贴不是想发多少就发多少，要多少就发多少，而是应该有明确的发放标准，只有当该工作岗位的工作环境等达到这个标准才能够领取岗位津贴。

③ 岗位津贴金额标准要满足国家法律和地方政策规定的最低岗位津贴标准。

④ 企业还需要考虑到岗位津贴的发放形式。一般情况下，岗位津贴都是随着每月的工资一起发放的，也可以单独发放或完成特殊工作任务后统一发放。

2.3.6　设计福利

福利是指企业通过物质方式满足员工不同层次的需要，从而达到吸引和留住人才的一种激励手段。福利是企业薪酬体系的重要组成部分，是企业以福利的形式提供给员工的报酬。它既能给员工带来物质激励，又能通过物质激励使员工精神愉悦，进而增强团队凝聚力，形成健康的、积极向上的企业文化。

一般来说，福利包括餐饮福利、住房福利、交通福利、带薪休假、节日福利、生日福利、员工大事福利、健康体检等。

某种程度上说，企业的福利应覆盖所有的员工。通常，企业在设计业务部门的福利时，主要考虑需要设有哪些福利即可。但是，不管企业设计何种福利方案，其设计的要点有图2-1所示四个方面。

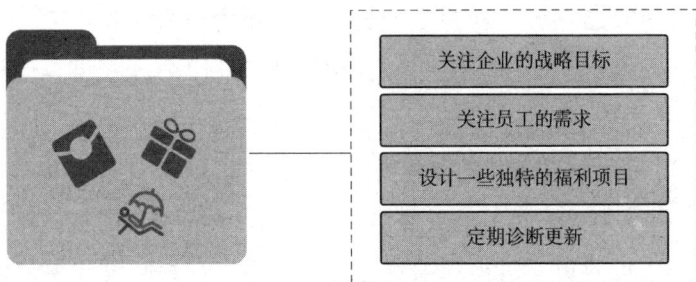

图 2-1　设计福利方案的四个方面

（1）关注企业的战略目标

企业设计业务部门的福利要与企业发展的阶段、盈利情况及战略目标相匹配。无论在发展的初期、中期还是末期，以及扩张期与收缩期、盈利与亏损期，企业的福利方案都应该有所区别。例如，在发展初期，企业资金紧张，相应的福利方案也处于等待完善的阶段。在发展中期，企业资金充足，盈利情况也比较良好，此时企业就要进一步完善福利制度，以激励员工更好地工作。

（2）关注员工的需求

具有强激励性的福利项目一定来源于员工本身。脱离员工需求而设计的福利项目对员工来说犹如鸡肋，对企业来说更是一种浪费。所以福利项目要关注大多数员工的需求。

具体来说，企业可以通过各种方式收集、整理员工相关数据并交叉分析、归纳和总结不同业务人员的需求，如员工访谈、问卷调查等，还有一些间接收集数据的方式，如员工就餐情况、礼品选择情况等，以了解员工对福利的需求。

此外，企业可以考虑不同年龄段的业务人员对福利的需求。例如从年龄上划分来看，"70后"业务人员更关注家庭和孩子，追求工作生活的平衡；"80后"业务人员承担的压力较大，对安全感的需求特别突出；而"90后"业务人员则更渴望表达和认可，追求成长等。通过仔细的分析，进而挖掘和捕捉到不同员工群体的福利需求。

（3）设计一些独特的福利项目

随着雇佣模式及劳动者群体的多元化，员工需求的多样化，尤其是新生代的员工对福利项目更心生期待。在福利设计中，体现员工的个性需求显得愈发重要。因此，企业在保证共性需求得到满足的同时，也要为业务人员提供个性化、差异化的福利项目，让他们获得更新鲜的体验。比如，洗牙福利、健身俱乐部、商业医疗保险等。

（4）定期诊断更新

福利项目既不能频繁变动，也不能一成不变。一成不变的福利既不利于企业做成本管理，也会让员工感觉缺乏新意，缺乏变化。为了让福利项目持续发挥活力，企业还要定期对业务部门具体的情况做出诊断，及时更新福利项目。

2.3.7　设计分红

分红是企业在年度盈利中，按照既定比例向员工发放的一种重要的薪酬形式。它既是企业对员工工作结果的奖励，也是激励员工的一种方式，目的是使得员工与企业利润更紧密地联系在一起。

分红具有重要的价值。它显示出企业具有良好的盈利情况，让获得分红的员工对企业的经营发展更有信心，进而更专心地投入到企业建设中去，创造更大的效益。

在薪酬设计的整体框架中，分红作为激励员工的重要手段，占据着举足轻重的地位。具体来说，企业在设计业务部门的分红时，要注意以下三点。

（1）明确分红对象

分红是企业对核心员工工作成果的激励方式。它意味着并不是所有人都可以参与分红，因此要明确分红对象。一般情况下，分红激励主要分配给为企业发展做出突出贡献的员工，有两种方式，绩效分红和超额分红。

①绩效分红的激励对象主要包括企业业务人员、核心科研技术人员和管理骨干。主要针对在该岗位上连续工作1年以上的员工，激励人数原则上不超过在岗员工总数的30%。②超额分红的激励对象应该是业绩主要负责人、项目的主要完成人、重要开发项目的负责人，以及对重要产品或核心技术、工艺流程作出重大创新或改进的核心技术人员等。

（2）确定分红标准

绩效分红是以业绩为基础，按年度利润分红。企业每年设定基础业绩目标，在完成业绩目标的前提下，按利润的一定比例对中高层人员给予分红激励。

超额分红是企业股东或董事会确定基本超额利润目标，超过利润目标后，企业拿出超出部分一定比例对核心人员给予分红。

（3）确定分红比例

明确了分红对象和分红标准后，还需要明确分红比例。

举例：××公司2023年设定业绩基本目标为8 000万元，绩效分红比例为5%。到2023年年终公司完成了基本业绩目标8 500万元，实现利润1 200万元，则公司拿出60万元（1 200×5%）对分红对象给予分红。

举例：××公司2023年基本利润目标为1 000万元，公司可设定超额利润目标为1 200万元，分红比例为30%。到2023年底，公司实现利润1 500万元，超额利润为300万元，则公司拿出

90万元（300×30%）对分红对象给予分红。

公司还可实行阶梯分红制度，本书在第7章有相关介绍。

2.4　业务部门薪酬设计案例

××外贸企业业务部门2022年薪酬制度

一、宗旨

1.目的：建立统一的薪酬平台，充分发挥薪酬的激励作用，根据"多劳多得、多能多得"的设计原则，达到员工收入与企业目标共创共享的效果。

2.本薪酬制度中的毛利额目标，包括A产品和B产品的毛利额总和。

二、业务岗位薪酬制度

（一）业务专员岗位薪酬制度说明

1.业务专员岗位薪酬结构：底薪＋提成＋绩效＋福利（全勤＋餐补＋工龄津贴＋生日津贴＋社保）＋年度奖金。

（1）底薪方案，见表2-5。

表2-5　岗位薪酬及业绩标准表

序　号	岗位级别	年度标准/万元		季度标准/万元		月度标准/万元		底薪标准/元
		业绩标准	毛利额标准	业绩标准	毛利额标准	业绩标准	毛利额标准	
1	至尊	3 600	420	900	105	300	35	8 500
2	王者	2 760	324	690	81	230	27	8 000
3	皇冠	2 040	240	510	60	170	20	7 500
4	钻石	1 440	169	360	42	120	14	7 000

续上表

序　号	岗位级别	年度标准/万元		季度标准/万元		月度标准/万元		底薪标准/元
		业绩标准	毛利额标准	业绩标准	毛利额标准	业绩标准	毛利额标准	
5	宝石	960	114	240	30	80	10	6 500
6	翡翠	720	84	180	21	60	7	6 000
7	首席	540	66	135	15	45	5	5 600
8	资深	360	42	90	11	30	3.5	5 200
9	高级	240	30	60	7.5	20	2.5	4 800
10	中级	120	18	30	4.5	10	1.5	4 500
11	初级	60	12	15	3	5	1	4 200
12	助理	24	6	6	3	2	1	3 800

注：①表中年度、季度及月度标准有两个指标，其中"业绩"为销售收入，"毛利额"为核算标准，毛利额的计算方式：毛利额＝销售收入－进货成本－税费－销售过程中产生的相关费用（如运费、快递费、报关费及其他杂费）。

②计算业绩和毛利额的时间和条件：时间节点是每月最后一天24时前；条件是收完销售货款、内销客户已经签收货物、出口外销已离岸、外寄客户已签收货品。

（2）业务专员岗位分为助理到至尊，共12个级别，岗位级别和月度毛利额标准进行匹配对应。

（3）底薪随着月度毛利额浮动，月度毛利额越高，底薪越高。举例：月度毛利额3.5万元，底薪为5 200元；月度毛利额14万元，底薪为7 000元。

（4）底薪一个季度进行一次复盘调整，随着季度总毛利额浮动。一个季度内总毛利额达到某个标准，对应该季度底薪，如原已发放底薪低于季度底薪，则可进行补差。

举例：假设某业务专员一个季度内，第一个月毛利额1.5万元，发放底薪4 500元；第二个月毛利额2.5万元，发放底薪4 800元；第三个月毛利额27万元，发放底薪8 000元。

三个月毛利额总额31万元，对应季度毛利额标准的岗位级别为"宝石"，对应的季度底薪为19 500元（6 500×3）；企业已发底薪17 300元（4 500+4 800+8 000），企业底薪季度补差2 200元（19 500-17 300）。

（5）一个季度没有业绩的业务专员自动降为助理级别，两个季度没有业绩的业务专员自动离职。

2.月度个人提成标准及比例，见表2-6。

表2-6　月度个人提成标准及比例明细

序 号	岗位级别	月度标准/万元		底薪/元	月度个人提成		
		业绩标准	毛利额标准		比 例	阶梯式提成	提成/元
1	至尊	300	35	8 500	13.5%	10%+10.5%+11%+11.5%+12%+12.5%+13%+13.5%	42 922
2	王者	230	27	8 000	13%	10%+10.5%+11%+11.5%+12%+12.5%+13%	32 122
3	皇冠	170	20	7 500	12.5%	10%+10.5%+11%+11.5%+12%+12.5%	23 022
4	钻石	120	14	7 000	12%	10%+10.5%+11%+11.5%+12%	15 572
5	宝石	80	10	6 500	11.5%	10%+10.5%+11%+11.5%	10 724
6	翡翠	60	7	6 000	11%	10%+10.5%+11%	7 296.5
7	首席	45	5	5 600	10.5%	10%+10.5%	5 074.5
8	资深	30	3.5	5 200	10%	10%	3 510
9	高级	20	2.5	4 800	9.5%	9.5%	2 375
10	中级	10	1.5	4 500	9%	9%	1 350
11	初级	5	1	4 200	8%	8%	800
12	助理	2	1	3 800	5%	5%	500

（1）月度提成随着月度个人毛利额浮动，个人毛利额越高，阶梯式提成比例越高。

（2）"资深"级别及以上，月度毛利额越高，月度阶梯式提成越高，计算公式为：毛利额基数 × 阶梯式提成比例；"资深"级别以下至"助理"级别，实行递减式提成，级别越低，提成越低，计算公式为：毛利额 × 对应提成比例。

举例：某业务专员某月度个人毛利额为12万元，个人提成金额 = $35\,000 \times 10\% + (50\,000 - 35\,000) \times 10.5\% + (70\,000 - 50\,000) \times 11\% + (120\,000 - 70\,000) \times 11.5\% = 13\,025$ 元。

（3）当月毛利额低于1万元，无提成。

3.月度绩效如下：

（1）月度绩效金额基数为700元。

（2）月度绩效计算公式及计算规则，见表2-7。

表2-7　月度绩效评分与实得绩效对照表

序　号	绩效分数档位	绩效系数	实得绩效计算公式	实得绩效金额
1	小于60分（不及格）	0	700元 × 0	0元
2	≥60分且＜70分	0.4	700元 × 0.4	280元
3	≥70分且＜80分	0.8	700元 × 0.8	560元
4	≥80分且＜90分	1	700元 × 1	700元
5	≥90分且＜100分	1.2	700元 × 1.2	840元
6	≥100分	1.5	700元 × 1.5	1 050元

举例：A业务专员某月度绩效考核分数为59分，考核不合格，绩效金额为0元；B业务专员某月度绩效考核分数为86分，其本月度绩效系数为1，本月度实得绩效金额为700元。

4.福利如下：

（1）福利项目包含：全勤、餐补、工龄工资、生日津贴、社保，本薪酬制度不含其他常规福利。

（2）全勤：满勤200元。当月上班打卡记录无迟到、无早退、无请假的，则可享受全勤奖励200元。调休不扣全勤奖。

（3）餐补：满勤300元。企业设有午餐补助，如全勤每月可获得补助300元。当月有迟到、早退、请假，扣除100元，调休不扣。

（4）工龄工资：满1年每月增加20元，无上限。

（5）生日津贴：每年100元，按员工身份证上的出生月份发放。

（6）社保：缴纳标准根据国家相关规定增减。

5.年度奖金如下：

（1）年度奖金方案，见表2-8。

表2-8　年度奖金方案及岗位级别对应表

序　号	岗位级别	月度标准/万元		底薪/元	年度奖金（月度计算）	
		业绩标准	毛利额标准		比　例	奖金/元
1	至尊	300	35	8 500	4.25%	14 875
2	王者	230	27	8 000	3.75%	10 125
3	皇冠	170	20	7 500	3.25%	6 500
4	钻石	120	14	7 000	2.75%	3 861
5	宝石	80	10	6 500	2.25%	2 250
6	翡翠	60	7	6 000	1.95%	1 369
7	首席	45	5	5 600	1.65%	825
8	资深	30	3.5	5 200	1.25%	439
9	高级	20	2.5	4 800	1.05%	263
10	中级	10	1.5	4 500	0	0
11	初级	5	1	4 200	0	0
12	助理	2	1	3 800	0	0

（2）年度奖金发放规则：月度计算，每月累计，年度发放（次年的1月及次年的春节前发放总奖金的50%，余下50%在次年的3月15日前发放）。

（3）年度奖金计算规则：月度毛利额×相对应的提成比例；月度毛利额若低于2.5万元，则无年度奖金。

（二）销售主管岗位薪酬说明

1.销售主管岗位薪酬结构：底薪+个人提成+团队提成+绩效+福利（全勤+餐补+工龄津贴+生日津贴+社保）+年度奖金+年度团队奖金。

（1）底薪方案，见表2-9。

表2-9　销售主管岗位底薪规则明细表

序　号	岗位级别	个人年度标准/万元		个人月度标准/万元		团队月度标准（减掉主管个人毛利额）/万元		底薪/元
		业绩标准	毛利额标准	业绩标准	毛利额标准	业绩标准	毛利额标准	
1	王者	3 600	420	300	35	400	45	9 000
2	皇冠	2 760	324	230	27	300	35	8 500
3	钻石	2 040	240	170	20	200	25	8 000
4	宝石	1 440	169	120	14	150	20	7 500
5	翡翠	960	114	80	10	100	15	7 000
6	首席	720	84	60	7	80	11	6 500
7	资深	540	66	45	5	60	8	6 000
8	高级	360	42	30	3.5	40	6	5 700
9	中级	240	30	20	2.5	25	4	5 400
10	初级	120	18	10	1.5	15	2	5 000

（2）销售主管岗位分为"初级"到"王者"，共10个级别，团队级别、月度毛利额标准（不含主管个人毛利额）、底薪进行匹配对应。

（3）底薪随着团队月度毛利额浮动（含主管个人毛利额），团队毛利额越高，底薪越高。

举例：团队月度毛利额5万元，销售主管的底薪为5 400元；团队月度毛利额26万元，销售主管的底薪为8 000元。

（4）每个季度会对底薪进行复盘调整，根据团队在该季度的总毛利额来确定对应的季度底薪标准。如果此前已发放的月薪底薪总额低于按季度标准计算的底薪，则会对差额进行补差。

举例：假设一个季度内，第一个月团队毛利额5万元，发放底薪为5 400元；第二个月团队毛利额15万元，发放底薪为7 000元；第三个月团队毛利额43万元，发放底薪为8 500元；三个月团队毛利额总额63万元，除以3之后，平均每个月团队毛利为21万元，对应为"宝石"级别，对应的季度平均底薪为7 500×3=22 500元；公司已发底薪20 900元（5 400+7 000+8 500），公司底薪季度补1 600元（22 500－20 900）。

（5）主管所管团队月度人均毛利额人效（包括主管）不能低于1万元，否则降档发放。

举例：某月团队毛利额（含主管自己）达到16万元，但由于人均人效仅为9 000元，未达到1万元的标准，因此该月销售主管的底薪将按照低于"宝石"级别的"翡翠"级别来发放，即7 000元，而不是"宝石"级别的7 500元。

2.月度个人提成标准及比例，见表2-10。

表2-10　岗位级别与月度提成标准明细表

序　号	岗位级别	个人月度标准/万元		底薪/元	月度个人提成		
		业绩标准	毛利额标准		比　例	阶梯式提成	提成/元
1	王者	300	35	9 000	13.5%	10%+10.5%+11%+11.5%+12%+12.5%+13%+13.5%	42 925
2	皇冠	230	27	8 500	13%	10%+10.5%+11%+11.5%+12%+12.5%+13%	32 125
3	钻石	170	20	8 000	12.5%	10%+10.5%+11%+11.5%+12%+12.5%	23 025
4	宝石	120	14	7 500	12%	10%+10.5%+11%+11.5%+12%	15 525
5	翡翠	80	10	7 000	11.5%	10%+10.5%+11%+11.5%	10 725
6	首席	60	7	6 500	11%	10%+10.5%+11%	7 275
7	资深	45	5	6 000	10.5%	10%+10.5%	5 075
8	高级	30	3.5	5 700	10%	10%	3 500
9	中级	20	2.5	5 400	9.5%	9.5%	2 375
10	初级	10	1.5	5 000	9%	9%	1 350

（1）月度提成随着月度个人毛利额浮动，个人毛利额越高，阶梯式提成比例越高。

（2）"高级"及以上级别，月度毛利额越高，月度阶梯式提成越高，计算公式为：毛利额基数×阶梯式提成比例；"高级"以下至"初级"，实行递减式提成，级别越低，提成越低，计算公式为：毛利额×对应提成比例。

举例：某销售主管某月度个人毛利额为12万元，个人提成金额＝35 000×10%＋（50 000－35 000）×10.5%＋（70 000－50 000）×11%＋（120 000－70 000）×11.5%＝13 025元。

（3）当月毛利额低于1万元，无提成。

3.月度团队提成如下：

（1）团队提成标准及比例，见表2-11。

表2-11　团队提成标准及比例明细表

序　号	岗位级别	团队月度标准（减掉主管个人毛利额）/万元		底薪/元	月度个人提成		
		业绩标准	毛利额标准		比　例	阶梯式提成	提成/元
1	王者	400	45	9 000	2.5%	0.25%+0.5%+0.75%+1%+1.25%+1.5%+1.75%+2%+2.25%+2.5%	8 100
2	皇冠	300	35	8 500	2.25%	0.25%+0.5%+0.75%+1%+1.25%+1.5%+1.75%+2%+2.25%	5 600
3	钻石	200	25	8 000	2%	0.25%+0.5%+0.75%+1%+1.25%+1.5%+1.75%+2%	3 350
4	宝石	150	20	7 500	1.75%	0.25%+0.5%+0.75%+1%+1.25%+1.5%+1.75%	2 350
5	翡翠	100	15	7 000	1.5%	0.25%+0.5%+0.75%+1%+1.25%+1.5%	1 475
6	首席	80	11	6 500	1.25%	0.25%+0.5%+0.75%+1%+1.25%	875
7	资深	60	8	6 000	1%	0.25%+0.5%+0.75%+1%	500
8	高级	40	6	5 700	0.75%	0.25%+0.5%+0.75%	300
9	中级	25	4	5 400	0.5%	0.25%+0.5%	150
10	初级	15	2	5 000	0.25%	0.25%	50

注：团队月度标准不含主管个人毛利额。

（2）月度团队提成随着团队毛利额（不含主管个人的毛利额）浮动，团队月度毛利额越高，阶梯式提成比例越高，计算公式为：月度团队提成金额＝团队毛利额基数×阶梯式提成比例。

举例：某销售主管某月度团队毛利额为8万元，团队提成金额＝$20\,000 \times 0.25\% + (40\,000 - 20\,000) \times 0.5\% + (60\,000 - 40\,000) \times 0.75\% + (80\,000 - 60\,000) \times 1\% = 500$元。

（3）团队成员月度人均毛利额人效（不包括主管）不能低于1万元，否则无团队提成。

举例：某销售主管某月度团队毛利额为8万元，组员人均人效9 000元，团队提成金额为0。

（4）销售团队人数3～9人（最少3人）。

4.月度绩效如下：

（1）月度绩效金额基数为1 000元。

（2）月度绩效计算公式及计算规则，见表2-12。

表2-12　月度绩效计算公式及计算规则明细表

序　号	绩效分数档位	绩效系数	实得绩效计算公式	实得绩效金额
1	小于60分（不及格）	0	1 000元×0	0元
2	≥60分且＜70分	0.4	1 000元×0.4	400元
3	≥70分且＜80分	0.8	1 000元×0.8	800元
4	≥80分且＜90分	1	1 000元×1	1 000元
5	≥90分且＜100分	1.2	1 000元×1.2	1 200元
6	≥100分	1.5	1 000元×1.5	1 500元

举例：某位主管某月度绩效考核分数为59分，考核不合格，绩效金额为0元；某位主管某月度绩效考核分数为86分，其本月度绩效系数为1，本月度实得绩效金额为1 000元。

5.福利如下：

（1）福利项目包含：全勤、餐补、工龄工资、生日津贴、社保，本薪酬制度不含其他常规福利。

（2）全勤：满勤200元。当月上班打卡记录无迟到、无早退、无请假的，则可享受全勤奖励200元。调休不扣全勤奖。

（3）餐补：满勤300元。企业设有午餐补助，如全勤每月可获得补助300元。如当月有迟到、早退、请假的，扣除100元，调休不扣。

（4）工龄工资：满1年每月增加20元，无上限。

（5）生日津贴：每年100元，按员工身份证上的出生月份发放。

（6）社保：缴纳标准根据国家相关规定增减。

6.年度奖金如下：

（1）年度奖金标准及提成比例（个人毛利额），见表2-13。

表2-13　年度奖金标准及提成比例明细表

序　号	岗位级别	团队月度标准（减掉主管个人毛利额）/万元		底薪/元	年度奖金（月度计算）	
		业绩标准	毛利额标准		比　例	奖金/元
1	王者	400	45	9 000	4.25%	14 875
2	皇冠	300	35	8 500	3.75%	10 125
3	钻石	200	25	8 000	3.25%	6 500
4	宝石	150	20	7 500	2.75%	3 850
5	翡翠	100	15	7 000	2.25%	2 250
6	首席	80	11	6 500	1.95%	1 365
7	资深	60	8	6 000	1.65%	825
8	高级	40	6	5 700	1.25%	438
9	中级	25	4	5 400	1.05%	263
10	初级	15	2	5 000	0	0

（2）年度奖金发放规则：月度计算，每月累计，年度发放（次年的1月及春节前发放总奖金的50%，余下50%在次年的3月15日前发放）

（3）年度奖金计算规则：月度毛利额×相对应的提成比例；月度毛利额4万元以下，无年度奖金。

（4）主管之团队年度奖金：50万元≤团队年度毛利额（不含主管本人毛利额）＜80万元，年度团队奖0.3%；80万元≤团队年度毛利额（不含主管本人毛利额）＜100万元，年度团队奖0.5%；100万元≤团队年度毛利额（不含主管本人毛利额）＜150万元，年度团队奖0.8%；团队年度毛利额（不含主管本人毛利额）≥150万元，年度团队奖1%。

（三）销售经理岗位薪酬说明

1.销售经理岗位薪酬结构：底薪＋个人提成＋团队提成＋绩效＋福利（全勤＋餐补＋工龄津贴＋生日津贴＋社保）＋年度奖金＋年度团队奖金。

（1）底薪方案，见表2-14。

表2-14　销售经理岗位底薪规则明细表

| 序 号 | 岗位级别 | 个人年度标准/万元 | | 个人月度标准/万元 | | 团队月度标准（减掉经理个人毛利额）/万元 | | 底薪/元 |
		业绩标准	毛利额标准	业绩标准	毛利额标准	业绩标准	毛利额标准	
1	宝石	3 600	420	300	45	1 000	150	12 000
2	翡翠	2 760	324	230	35	900	125	11 000
3	首席	2 040	240	170	25	800	110	10 000
4	资深	1 440	169	120	20	700	95	8 800

续上表

序号	岗位级别	个人年度标准/万元		个人月度标准/万元		团队月度标准（减掉经理个人毛利额）/万元		底薪/元
		业绩标准	毛利额标准	业绩标准	毛利额标准	业绩标准	毛利额标准	
5	高级	960	114	80	15	600	80	7 800
6	中级	720	84	60	10	500	70	7 000
7	初级	540	66	45	7	400	59	6 500

（2）销售经理岗位分为"初级"到"宝石"，共7个级别，团队级别、月度毛利额标准（含经理个人毛利额）、底薪进行匹配对应。

（3）底薪随着团队月度毛利额浮动（含经理个人毛利额），团队毛利额越高，底薪越高。

举例：团队月度毛利额59万元，底薪为6 500元；团队月度毛利额95万元，底薪为8 800元。

（4）底薪一个季度进行复盘，底薪随着团队季度总毛利额浮动，一个季度内总毛利额达到某个标准，对应该季度底薪，如原已发放底薪低于季度底薪，则可进行补差。

举例，假设一个季度内，第一个月团队毛利额90万元，发放底薪7 800元；第二个月团队毛利额123万元，发放底薪10 000元；第三个月团队毛利额145万元，发放底薪11 000元；三个月团队毛利额总额358万元，对应季度毛利标准为"首席"级别，对应的季度底薪为10 000×3=30 000元；企业已发底薪28 800元（7 800+10 000+11 000），企业底薪季度补差1 200元（30 000 - 28 800）。团队毛利额在59万元以下，底薪按照6 500元发放。

2.月度个人提成标准及比例，见表2-15。

表2-15 岗位级别与月度个人提成标准对照表

序 号	岗位级别	个人月度标准/万元		底薪/元	月度个人提成			
		业绩标准	毛利额标准		比 例	阶梯式提成	提成/元
1	宝石	300	45	12 000	13.5%	10.5%+11%+11.5%+12%+12.5%+13%+13.5%	55 150
2	翡翠	230	35	11 000	13%	10.5%+11%+11.5%+12%+12.5%+13%	41 650
3	首席	170	25	10 000	12.5%	10.5%+11%+11.5%+12%+12.5%	28 650
4	资深	120	20	8 800	12%	10.5%+11%+11.5%+12%	22 400
5	高级	80	15	7 800	11.5%	10.5%+11%+11.5%	16 400
6	中级	60	10	7 000	11%	10.5%+11%	10 650
7	初级	45	7	6 500	10.5%	10.5%	7 350

（1）月度提成随着月度个人毛利额浮动，个人毛利额越高，阶梯式提成比例越高。

（2）当月毛利额低于1万元，无提成。

3.月度团队提成如下：

（1）团队提成标准及比例（本团队月度标准不含经理个人毛利额），见表2-16。

表2-16 月度团队提成标准及比例表

序 号	岗位级别	团队月度标准（减掉经理个人月度毛利额）/万元		底薪/元	月度个人提成			
		业绩标准	毛利额标准		比 例	阶梯式提成	提成/元
1	宝石	1 000	150	12 000	2.5%	1%+1.25%+1.5%+1.75%+2%+2.25%+2.5%	24 025

序号	岗位级别	团队月度标准（减掉经理个人月度毛利额）/万元		底薪/元	月度个人提成		
		业绩标准	毛利额标准		比例	阶梯式提成	提成/元
2	翡翠	900	125	11 000	2.25%	1%+1.25%+1.5%+1.75%+2%+2.25%	17 775
3	首席	800	110	10 000	2%	1%+1.25%+1.5%+1.75%+2%	14 400
4	资深	700	95	8 800	1.75%	1%+1.25%+1.5%+1.75%	11 400
5	高级	600	80	7 800	1.5%	1%+1.25%+1.5%	8 775
6	中级	500	70	7 000	1.25%	1%+1.25%	7 275
7	初级	400	59	6 500	1%	1%	5 900

（2）月度团队提成随着团队毛利额（不含经理个人的毛利额）浮动，团队月度毛利额越高，阶梯式提成比例越高，计算公式为：团队毛利额基数 × 阶梯式提成比例。

举例：某月度团队毛利额为110万元，团队提成金额 = 590 000 × 1% +（700 000 − 590 000）× 1.25% +（800 000 − 700 000）× 1.5% +（950 000 − 800 000）× 1.75% +（1 100 000 − 950 000）× 2% = 14 400（元）。

4. 月度绩效如下：

（1）月度绩效金额基数为2 000元。

（2）月度绩效计算公式及计算规则，见表2-17。

表2-17　月度绩效考核档位与实得绩效对应表

序　号	绩效分数档位	绩效系数	实得绩效计算公式	实得绩效金额
1	小于60分（不及格）	0	2 000元×0	0元
2	≥60分且<70分	0.4	2 000元×0.4	800元
3	≥70分且<80分	0.8	2 000元×0.8	1 600元
4	≥80分且<90分	1	2 000元×1	2 000元
5	≥90分且<100分	1.2	2 000元×1.2	2 400元
6	≥100分	1.5	2 000元×1.5	3 000元

举例：某销售经理所带团队月度绩效考核分数为59分，考核不合格，绩效金额为0元；某销售经理所带团队月度绩效考核分数为86分，其本月度绩效系数为1，本月度实得绩效金额为2 000元。

5.福利如下：

（1）福利项目包含：全勤、餐补、工龄工资、生日津贴、社保，本薪酬制度不含其他常规福利。

（2）全勤：满勤200元。当月上班打卡记录无迟到、无早退、无请假的，则可享受全勤奖励200元。调休不扣全勤奖。

（3）餐补：满勤300元。企业设有午餐补助，如全勤每月可获得补助300元。如当月有迟到、早退、请假的，扣除100元，调休不扣。

（4）工龄工资：满1年每月增加20元，无上限。

（5）生日津贴：每年100元，按员工身份证上的出生月份发放。

（6）社保：缴纳标准根据国家相关规定增减。

6.年度奖金如下：

（1）年度奖金标准及提成比例（个人毛利额），见表2-18。

表2-18　年度奖金标准及提成比例对照表

序　号	岗位级别	个人年度标准/万元		个人月度标准/万元		底薪/元	年度奖金（月度计算）	
		业绩标准	毛利额标准	业绩标准	毛利额标准		比　例	奖金/元
1	宝石	3 600	420	300	45	12 000	4.25%	19 125
2	翡翠	2 760	324	230	35	11 000	3.75%	13 125
3	首席	2 040	240	170	25	10 000	3.25%	8 125
4	资深	1 440	169	120	20	8 800	2.75%	5 500
5	高级	960	114	80	15	7 800	2.25%	3 375
6	中级	720	84	60	10	7 000	1.95%	1 950
7	初级	540	66	45	7	6 500	1.65%	1 155

（2）年度奖金发放规则：月度计算，每月累计，年度发放（次年的1月及春节前发放总奖金的50%，余下50%在次年的3月15日前发放）

（3）年度奖金计算规则：月度毛利额×相对应的提成比例；月度毛利额7万元以下，无年度奖金。

（4）经理的团队年度奖金计算方式：400万元≤团队年度毛利额（不含经理个人毛利额）＜500万元，年度团队奖0.2%；500万元≤团队年度毛利额（不含经理个人毛利额）＜600万元，年度团队奖0.5%；600万元≤团队年度毛利额（不含经理个人毛利额）＜800万元，年度团队奖0.8%；团队年度毛利额（不含经理个人毛利额）≥800万元，年度团队奖1%。

三、非业务岗位薪酬制度说明

（一）非业务岗位薪酬制度总述

非业务岗位薪酬结构：底薪＋个人提成＋绩效＋福利（全勤＋餐补＋工龄津贴＋生日津贴＋社保）＋年度奖金。

（二）非业务岗位底薪规则说明

关于非业务岗位的底薪方案，详细情况见表2-19。

表2-19 职级岗位底薪标准表

序号	职 级	岗 位	人员配置	底薪标准即等级核定	等级底薪/元				
					初级	中级	高级	资深	首席
1	总经理级	总经理	1	根据个人能级定薪，目前定初级	12 000	15 000	18 000	20 000	25 000
2	总监级	营销总监	1	根据个人能级定薪，目前定初级	8 000	10 000	12 000	15 000	18 000
3		财务总监	1	根据个人能级定薪，目前定初级	8 000	10 000	12 000	15 000	18 000
4		人资总监	1	根据个人能级定薪，目前定初级	8 000	10 000	12 000	15 000	18 000
5	经理级	财务经理	1	根据个人能级定薪，目前定首席	6 000	7 000	8 000	10 000	12 000
6		内控经理	1	根据个人能级定薪，目前定初级	6 000	7 000	8 000	10 000	12 000
7	主管级	总经理助理	1	根据个人能级定薪，目前定初级	4 500	5 000	5 500	6 200	6 900
8		财务主管	1	根据个人能级定薪，目前定资深	4 500	5 000	5 500	6 200	7 000
9		内控主管	1	根据个人能级定薪，目前定中级	4 500	5 000	5 500	6 200	7 000
10		运营主管	1	根据个人能级定薪，目前定中级	4 500	5 000	5 500	6 200	7 000

序号	职级	岗位	人员配置	底薪标准即等级核定	等级底薪/元				
					初级	中级	高级	资深	首席
11	主管级	跟单主管	1	根据个人能级定薪,目前定中级	4 500	5 000	5 500	6 200	7 000
12	专员级	会计	1	根据个人能级定薪,目前定资深	4 000	4 300	4 700	5 000	5 500
13		出纳	1	根据个人能级定薪,目前定高级	4 000	4 300	4 700	5 000	5 500
14		采购	1	根据个人能级定薪,目前定高级	4 000	4 300	4 700	5 000	5 500
15		跟单专员	1	根据个人能级定薪,目前定中级	4 000	4 300	4 700	5 000	5 500
16		前台专员	1	根据个人能级定薪,目前定初级	4 000	4 300	4 700	5 000	5 500

注:为了既尊重历史现状,又能激励未来,企业底薪定级参照2021年发放的标准。如财务主管6 200元,定为主管级的资深级别;出纳4 700元,定级为专员职级的高级级别。

(1)非业务岗位员工实行宽带等级薪酬。职级越高底薪越高,同职级同岗位,能力越强,底薪越高。

(2)企业职级分为专员级、主管级、经理级、总监级、总经理级;底薪等级分为初级、中级、高级、资深、首席五个等级。

(3)底薪跟着个人能级走(个人能级一年测评一次),提成跟着企业总回款毛利额走。

(4)底薪晋级条件,根据岗位能级胜任力标准(待拟定)。

第3章

职能部门薪酬设计实操

职能部门通常以管理、综合服务和支持作为主要职责，其工作内容难以量化和衡量。业绩主要体现在对企业其他部门职能管理水平或服务质量上面。要想做好职能部门的薪酬设计，就要重点了解职能部门基本薪酬的五种模式和薪酬设计三角。

3.1　职能部门基本薪酬的五种模式

根据企业薪酬支付依据的不同，职能部门的基本薪酬可分为岗位制、能力制、绩效制、市场制、年薪制五种模式。通常企业可以将这五种模式结合起来使用。

3.1.1　岗位制：根据岗位在企业中的位置制定

岗位制的薪酬因素是岗位的价值，根据员工所在岗位的责任大小、技术、能力要求的高低，劳动量的大小和劳动条件的好坏，以及员工自身的学历、职称和工作经验情况确定的。岗位制的特点是"对岗不对人，岗变薪变"。岗位制的目的在于从岗位价值和员工经验累积方面体现员工的付出，以充分激发员工发挥出潜能，完成或超额完成业绩目标，进而提升企业的效益和竞争力。

岗位制薪酬的优点是同岗同酬，缺点是灵活性差。一般情况下，岗位绩效工资制由固定工资、绩效工资、奖金等几部分构成，绩效工资和奖金都是浮动的。岗位工资是指员工在正常完成所在岗位工作时应得的工资报酬的总和。

企业设计岗位制薪酬要重点关注以下三点。

① 以岗定薪，岗变薪变。实行岗位制薪酬，员工的薪酬要与其岗位职责、工作业绩和实际贡献挂钩，应做到薪酬随岗位的变动而变动。

② 岗位管理，绩效考核。岗位绩效工资要实行动态管理。首先，企业要以岗位职责和岗位工作目标为依据制定岗位考核细则。其次，企业依据岗位考核细则对员工的完成情况进行定期考核。最

后，根据考核结果，企业发放岗位工资、绩效工资和奖金等。

③ 效率优先，兼顾公平。企业岗位制薪酬，既要重业绩和结果，也要体现公平，还要兼顾合理拉开分配层次，同时提高全体员工的收入水平。

基于以上三点基本原则，我们在实际落地运营中，总结出了以下"五定"法则。

（1）定组织架构

定组织架构的第一步是定企业的组织结构，企业组织结构通常有金字塔式、矩阵式、社群式，这在第1.6节中有具体介绍；第二步是根据企业的业务需要确定组织架构，进一步优化部门、确定层级，做到"上下无交叉，左右无裂痕"。

（2）定编定岗定人

首先，管理者要根据企业实际需要，确定短期（一般为1年）人员编制和岗位设置，盘点企业现有人员，并根据能力和需要将现有人员落实到对应岗位上。其次，通过岗位设置和人才盘点，明确企业人才需求和人才提升方向和目标，就可以根据需要制订相应的人才招募和人才赋能提升计划。

（3）定薪酬结构

在第1章的相关内容中，我们了解到薪酬结构一般分为固定工资与浮动工资两大部分。其中，固定工资包括基本工资和职级工资；浮动工资包括绩效工资、管理工资、业绩提成、福利、津贴和年终奖金等。企业设计岗位薪酬同样需要充分地结合这部分内容。

（4）定岗位职责

定岗位职责需要践行"责任清晰、目标明确、路径科学"原则。

① 责任清晰是指对岗位责任进行清晰的分类，在制定岗位职责时，第一步要对岗位职责进行分类，通常不超过五项，第二步要对

每项分类进行细化。

②明确工作目标是指确定的工作目标要进行结果量化或过程量化，以便进行考核。

③路径科学是指确定完成目标需要采用什么路径和方法，以及工作计划是什么。

（5）定效

定效是指将职责进行结果量化，要么是数据量化，要么是过程量化，通常结果量化是最重要的考核依据。例如，某科技企业财务部门"税收梳理和规划"模块：①完成"税收政策汇编"图书一本，组织三次内部培训；②形成财务办理流程的文本一本；③完成增值税即征即退的申报，完成研发费用加计扣除的申报，协助员工完成个人所得税的加计扣除登记及个人所得税年度汇算。

企业可以根据以上"五定"法则设计岗位制薪酬，并在实践中进行优化提升，形成适合企业实际情况的薪酬方案。

3.1.2 能力制：根据岗位能力制定

能力制的薪酬因素是员工所拥有的知识和技能，根据岗位能力制定。能力制薪酬的特点是因人而异，薪酬随着能力的提高而提高。能力制薪酬的优点突出，缺点也很明显，见表3-1。

表3-1 能力制薪酬的优缺点

优　点	缺　点
①员工会注重个人能力的提升，企业容易形成合作的氛围，避免过度竞争 ②鼓励员工在专业领域上进行深入研究，引导员工发展深度技能，在没有获得晋升的情况下，同样可以提高薪酬水平 ③鼓励员工跨职位发展广度技能，有利于培养人才	①能力界定困难，管理成本高 ②员工能力提升后，企业需要匹配相应的薪酬，造成企业的薪酬成本增加 ③员工着眼于自身能力提升，可能会忽视企业的整体需求和目标的完成 ④进一步激励能力或技能达到一定高度的人才比较困难

企业要想实施能力制薪酬，就需要建立一套对能力进行分级、分类的体系，针对员工在工作中所需的知识、技能、经验和行为制定考核及评级标准。

具体来说，能力制薪酬的设计流程主要有以下四点。

（1）选择薪酬类型

我们重点选择以下两种能力制薪酬类型，即MPTS职级工资制或等级工资制。

MPTS职级工资制是按照职级设计薪酬，分为管理职级（M）、职员职级（P）、技能职级（T）、销售职级（S）四个序列，每个序列可按1～10级进行评定，也可以根据需要设定6级或其他级数，销售职级底薪可下浮1级，10级方案见表3-2。

表3-2　MPTS职级分类表

管理级别	管理职级（M）	职员级别	职员职级（P）	技能级别	技能职级（T）	销售级别	销售职级（S）
总经理	M10	十级职员	P10	首席工程师	T10	十级销售员	S11
副总经理	M9	九级职员	P9	高级工程师	T9	九级销售员	S10
总监	M8	八级职员	P8	主任工程师	T8	八级销售员	S9
助理总监	M7	七级职员	P7	主管工程师	T7	七级销售员	S8
经理	M6	六级职员	P6	高级助理工程师	T6	六级销售员	S7
助理经理	M5	五级职员	P5	中级助理工程师	T5	五级销售员	S6
主管	M4	四级职员	P4	初级助理工程师	T4	四级销售员	S5
助理主管	M3	三级职员	P3	高级技师	T3	三级销售员	S4
高级专员	M2	二级职员	P2	中级技师	T2	二级销售员	S3
初级专员	M1	一级职员	P1	初级技师	T1	一级销售员	S2

等级工资制是按照宽带等级设计薪酬。非技术员工可实行宽带等级（五等五级）薪酬，宽带为职级宽带，等级为能力等级。职级越高，底薪越高。在同一职级和岗位中，员工的能力越强，其底薪也相应越高。一般情况下，职级分为专员、主管、经理、总监、总经理等五级，等级分为初级、中级、高级、资深、首席等五级，详见表3-3。

表3-3　员工宽带等级底薪（五等五级制）

职　级	岗　位	人员配置	底薪标准及等级核定	等级底薪/元				
				初级	中级	高级	资深	首席
总经理级	例：董事长、总经理	1	根据个人能级定薪，目前定中级	12 000	15 000	18 000	20 000	25 000
总监级	例：运营总监	1	根据个人能级定薪，目前定中级	8 000	10 000	12 000	15 000	18 000
经理级	例：研发	3	根据个人能级定薪，可选择技术岗，目前定高级	6 000	8 000	10 000	12 000	15 000
主管级	例：综合	6	根据个人能级定薪，目前定资深级	4 300	4 700	5 000	5 500	6 000
专员级	例：会计	20	根据个人能级定薪，目前定初级	4 300	4 700	5 000	5 500	6 000

（2）确定等级评定标准

企业选定一种薪酬类型后，接下来就需根据企业实际需求确定相对应的能级或等级标准。具体评定标准需根据企业实际情况详细制定，如有难度，可咨询专业人员。

（3）确定薪酬标准

在确定等级评定标准后，企业就要根据不同能级或等级进一步确定薪酬标准。

（4）定编定岗定人

在做好以上三点后，企业要根据组织架构和实际需要，确定短期人员编制和岗位设置，确定对应岗位人员，核算薪酬标准。

3.1.3 绩效制：根据业绩制定

绩效制的薪酬因素是员工的劳动贡献。绩效制薪酬是将员工的薪酬与个人或团队业绩挂钩，根据绩效进行浮动调整。绩效制薪酬的优缺点见表3-4。

表3-4 绩效制薪酬的优缺点

优　点	缺　点
①有利于量化员工的业绩贡献，将企业目标与个人、团队业绩完美结合 ②有利于薪酬向业绩优秀者倾斜，同时也能获取、保留绩效好的员工，并且激励员工提升其工作能力、工作方法，进而提高团队绩效 ③有利于突出团队精神和企业形象，增强团队的凝聚力和战斗力	①容易对绩优者的奖励过大，而对绩劣者欠缺激励。另外，对绩优者奖励过大容易造成一些员工心理不平衡 ②容易助长员工短期行为，滋生瞒报、夸大业绩的行为 ③容易造成员工各自为战，团队意识差

绩效制薪酬的目的是通过激励个人提高绩效来提高组织的整体绩效，即通过绩效工资刺激员工完成个人或团队目标，让高绩效员工获得高期望的薪酬；保证薪酬因员工绩效不同而有所不同。

在绩效制薪酬设计上，企业可以采取"三档五级制，七定五步法"的方式进行设计。

（1）三档五级制

"三档"是根据企业的盈亏平衡点、历史数据及现实情况来设定，包括基础目标、实现目标和挑战目标；"五级"则是在这三档目标的基础上，分别向下和向上设定了保底目标和奋斗目标，形成了一个包含五个级别的目标体系。详见表3-5。

表3-5 绩效制薪酬的三档五级制

单位：元

目标级别	底薪	业绩目标		业绩提成		月薪	年薪
	岗位工资	年度目标	月度目标	提成比例	提成金额		
奋斗目标	6 000	1 500 000	125 000	6%	7 500	13 500	162 000
挑战目标	5 500	1 200 000	100 000	5%	5 000	10 500	126 000
实现目标	5 000	1 000 000	83 333	4%	3 333	8 333	99 996
基础目标	4 500	800 000	66 667	3%	2 000	6 500	78 000
保底目标	4 000	600 000	50 000	2%	1 000	5 000	60 000

（2）七定五步法

"七定"是指定目标、定费用、定利润、定编制、定架构、定人效、定薪酬；"五步"是指定框架、定比例、定数据、定分配、定匹配。

企业可根据部门的实际情况和员工业绩的具体情况填写，具体内容见表3-5，最终核算出每个员工的薪酬。

3.1.4 市场制：根据行业水平制定

市场制薪酬是根据地区及行业市场薪酬水平来确定企业的岗位薪酬。市场制薪酬由地区工资水平、行业工资水平及劳动力供求关系决定。采取高于、等于或是低于市场水平，企业要考虑企业的盈利状况及人力资源策略。市场制薪酬的特点是根据市场和竞争对手确定薪酬，优缺点见表3-6。

表3-6 市场制薪酬的优缺点

优　点	缺　点
①市场制薪酬策略容易吸引关键人才 ②企业可以通过市场制薪酬策略调整那些替代性强的岗位人才的薪酬水平，从而节省人工成本 ③参照市场定工资，容易得到员工的认可，降低企业内部的薪酬矛盾	①市场制薪酬要求企业具有良好的控制能力和盈利水平 ②助长"吃大锅饭"现象，员工潜力不能有效激发 ③市场制薪酬受竞争对手影响十分被动，可能会使得本企业的薪酬结构丧失内部协调性 ④薪酬的保密性让企业很难获取市场制薪酬的准确信息

在了解市场制薪酬的优缺点后，接下来我们就要了解企业要想制定市场制薪酬，要做好哪些工作。通常来说，要做好以下三点。

（1）对岗位的贡献大小进行排序

企业要依据对企业目标实现的贡献大小对内部所有的工作岗位进行排序，对各个岗位设定岗位价值贡献系数。一般来说，岗位贡献系数越高的工作岗位，薪酬也越高。

（2）调查市场薪酬情况

企业要调查市场上同类型企业及竞争关系的若干家企业的薪酬情况。具体来说，企业可以通过查询各大招聘网站或者购买行业薪酬报告的方式了解竞争企业的薪酬情况。企业要尤其关注同岗位的外部企业的薪酬水平。例如，某企业的营销岗位需要招聘新员工，此时要关注其他企业的营销岗位的薪酬区间是多少。

（3）综合得出一个合理的岗位薪酬

根据岗位对企业的贡献大小，同时结合该岗位的市场薪酬情况，企业基本就可以得出一个合理的岗位薪酬。

3.1.5　年薪制：根据员工工龄及岗位价值制定

年薪制是根据实行年薪员工的岗位及职位价值确定的计酬方式，年薪制的薪酬因素是员工的年龄、工龄和经验。年薪总额一般分为按月发放和年终发放，比较适合高层管理人员和核心岗位员工。年薪制的特点是工龄与工资同步增长，薪酬构成上，浮动部分占有比较大的比重，最终得到的年薪数额与经营者的工作责任、业绩贡献紧密联系。它的优点是稳定性好、员工忠诚度高，缺点是缺乏弹性、缺乏激励。

在制定年薪制薪酬时，企业可以践行"三步法"。

（1）定编定岗定人

和岗位制一样，管理者也要根据企业实际需要，确定短期（一般为1年）人员编制和岗位设置，盘点企业现有人员，并根据能力和需要将现有人员落实到对应岗位上。

（2）设计薪酬结构

常见的年薪制的薪酬结构包括：年度固定工资＋月度绩效工资＋年度绩效＋股票期权＋员工福利＋津贴补贴等。管理者也可以根据企业实际情况在此基础上做出修改。

（3）设计年薪总额

具体来说，管理者需要综合三个因素，内容如下：

① 企业经营规模因素。一般来说，大规模的企业，其基本薪酬数额应该高一些；小规模的企业，其基本薪酬数额低一些。

② 企业经济效益因素。经济效益好的企业，其基本薪酬数额应该高一些；经济效益差的企业，其基本薪酬数额应该低一些。

③ 其他因素。企业的高层管理人员的年薪总额通常还会根据企业的销售收入、产值、资产总值和利税等因素综合确定。

3.2 职能部门薪酬设计三角

薪酬设计的核心在于"对内具有公平性，对外具有竞争力"。要设计出合理科学的薪酬体系和薪酬制度，企业在职能部门薪酬设计时要关注薪酬设计三角：职务、能力和结果。

3.2.1 职务：设计岗位等级

岗位表示的是工作的位置及职责。

职位是对岗位级别的称谓，如总监、经理、专员等。

职务是对企业内某类职能及职位的统一称谓。例如营销部总监、行政部经理、财务主管等。

岗位与人对应，通常一个岗位对应一个人。职位可以由一个或多个岗位组成。

设计薪酬要综合考虑岗位、职位和职务，职位是一个人薪酬高低的主要决定因素。一般情况下，员工的职务越高，所获得的薪酬也就越高。例如在设计类企业，平面设计根据职位可分为以下几个等级：入门级、初级、中级、高级、美术指导、设计总监。通常情况下，这几个等级的薪酬情况是入门级＜初级＜中级＜高级＜美术指导＜设计总监。

当然，相同职位上不同的任职者在技能、经验、资源占有、工作效率等方面的差异导致他们对企业的贡献不同，因此体现在职位工资上面也会有差异，可参考上一节阐述的等级工资制和绩效工资制。

相同职位由于工作职能（即职务）不同，其工资标准也会有所不同。比如，同样是经理职位，销售部经理和行政人力资源部经理的工资结构和工资标准会有很大的不同。

3.2.2　能力：设计关键绩效指标

在企业咨询中，我们总结出关键绩效指标（KPI）应用的"222原则"。在企业的价值创造过程中，存在着"二八法则"，即20%的骨干人员创造企业80%的价值；员工80%的工作任务是由20%的关键行为完成的；企业80%的目标是由20%的关键工作完成的。因此，企业必须抓住20%的骨干人员，完成20%的关键行为，抓好20%的关键工作，就能设计出合埋的关键绩效指标。

合理设计关键绩效考核指标是充分激发员工的能力和开展岗位

绩效考核的前提。所以，企业要想充分发挥出员工的能力，激发员工的潜力，就要设计关键绩效指标。

具体来说，企业在设计关键绩效指标时，重点关注以下四点。

（1）明确岗位说明书

岗位说明书也称职务说明书，是在理论及企业实践经验的基础上通过对岗位或职务的工作职责要求归纳总结为文本形式的指导性管理文件。岗位说明书是关键绩效指标的基础。企业要先确定员工的岗位，通过岗位说明书把员工的工作职责界定清楚，并以此为基础对岗位 KPI 进行分解。在企业操作实践中，好的岗位说明书可以进一步具体描述出员工岗位工作的路径及目标规划或结果预期。

（2）确定部门目标

部门的年度目标与企业的战略目标紧密结合。企业的关键绩效指标只有对部门目标进行有效的规划，才能自下而上支撑部门目标与企业的战略目标。企业要将年度目标分解到部门，部门目标再分解到具体各个岗位，才能自上而下形成企业、部门、员工 3 级 KPI 体系。

需要强调的是，一个岗位的职责可能有多项，企业要把岗位职责当中的最关键的内容作为绩效指标，而不是追求"多"和"全"。一般来说，关键绩效指标也要根据企业文化、岗位要求确定，并遵循少而精的原则。

（3）坚持"三可"原则

想要设计出有效的关键绩效指标，企业要遵循"三可"原则，即可量化、可执行、可考核。

① 关键绩效指标要可量化。只有可量化的指标才易于管理和评价。

② 关键绩效指标要可执行。有些工作指标不容易直接量化，那么企业可以从"数量、质量、时间、成本"四个方面进行细化，员工拿到相应指标后可以清晰地执行。

例如，广州某电源设备生产企业产品质量管理工作就是一个不易量化的工作，那么我们在咨询过程中就从数量、质量、时间、成本四个方面进行细化。数量方面，每月召开两次质量管理协调会议；质量方面，制定内部受控的质量管理体系，并通过相关外部部门审核；时间方面，出厂质检发现出现质量问题，必须在两天内解决，安装中发现质量问题，必须在三天内解决，每月10日前必须上交上月度的质量分析报告；成本方面，因质量造成的损失必须控制在1 000元范围内等。

③ 关键绩效指标要可考核。在设定量化标准及执行细则时，最好能做到让考核人员只需要评定"是"或"否"，而不是需要考核人员去评定"好"和"差"。

例如，成都某电子元件产品公司中的"产品质量须严格按照公司的产品质量标准执行"，是一个看似明确的标准，而在实际操作中，如果要准确考核，考核人员就需要去对照公司的产品质量标准，且不知道该执行哪一条，所以这是一个不可执行的指标；而如果改成"产品出厂须达到接线合格率99.8%以上"，则是一个可考核的标准。

（4）重视员工参与

企业设计关键绩效指标不能演变成上级对员工下达考核任务或强制推行的单方面指标，要听取员工的意见、重视员工的参与度。同时，为了引导员工追求高绩效，企业要设定阶梯式的考核标准，设计出让员工跳一跳就能够达到的目标。

设计关键绩效指标是绩效管理体系建设的重要环节，通过掌握设计关键绩效指标的四个要点来提高关键指标的有效性，才能真正把关键绩效考核落地执行。

3.2.3　结果：设计执行细节标准

其实不少职能部门的工作不高效，关键在于没有一个执行细节标准，导致工作不能很好地被完成。具体来说，有以下四点原因。

（1）岗位职责"大而全"

尤其在中小型的企业，由于企业规模小、资金有限，因此岗位职责写得大而全。所以，一个员工往往需要承担多而杂的工作。当一个员工工作没有重点且没有执行标准时，那么他很难在工作中找到成就感。

（2）职责要求不清晰

职责要求不清晰，员工的工作难以抓住重点。虽然职责要求不一定非得写得很详细，但是一定要让员工知道做到什么程度为合格，做到什么程度为优秀，让员工对此有一个明确的目标。

（3）人事部门包揽岗位职责编写

不少企业认为编写岗位职责是人事部门的工作，其实真正清楚岗位职责和岗位要求的是岗位所在部门的经理或员工。所以，编写岗位职责是由部门经理和员工共同去完成的一件事，而人事部门负责提供工具和方法，并进行指导和协助。

（4）岗位职责一成不变

企业在发展的不同阶段，岗位职责的内容应有所调整，而不少企业在编写岗位职责说明的时候大多是根据当下岗位需要而编写的，没有考虑到未来是否会变化。以上原因常常导致部门的工作不够完善。

3.3　职能部门薪酬设计案例

××外贸公司职能部门2022年薪酬制度

一、宗旨

1.目的：建立统一的薪酬平台，充分发挥薪酬的激励作用，根据"多劳多得、多能多得、少劳少得、不劳不得"的设计原则，达到员工收入与公司目标实现共创共享。

2.本薪酬制度中的毛利额目标，包括A产品和B产品的毛利额总和。

3.本薪酬制度中的职能部门指非业务岗位所在的部门，并且按照岗位级别设计薪酬，而不是按照部门设计薪酬。

二、职能部门薪酬制度

1.非业务岗位月度个人提成，根据公司月度总回款毛利额实行阶梯式提成，回款毛利额越高，阶梯式提成比例越高，计算公式为：总毛利额基数×阶梯式提成比例。

2.公司月度总回款毛利额低于59万元，非业务部门无个人月度提成。

3.根据职级实行月度个人提成阶梯式提成比例。公式职级分为专员级（包含会计、出纳、前台、采购、跟单）；主管级（总经理助理、财务主管、内控主管、运营主管、跟单主管）；经理级（财务经理、内控经理）；总经理级。

（1）总经理级岗位月度个人阶梯式提成比例，见表3-7。

表3-7　总经理级岗位月度个人阶梯式提成比例详情

序　号	岗位级别	团队月度标准/万元		总经理岗位月度个人提成		
		业绩标准	毛利额标准	比　例	阶梯式提成	提成/元
1	翡翠	1 000	117	0.7%	0.4%+0.45%+0.5%+0.55%+0.6%+0.7%	5 615
2	首席	900	105	0.6%	0.4%+0.45%+0.5%+0.55%+0.6%	4 775
3	资深	800	94	0.55%	0.4%+0.45%+0.5%+0.55%	4 115
4	高级	700	82	0.5%	0.4%+0.45%+0.5%	3 455
5	中级	600	70	0.45%	0.4%+0.45%	2 855
6	初级	500	59	0.4%	0.4%	2 360

（2）经理级岗位月度个人阶梯式提成比例，见表3-8。

表3-8　经理级岗位月度个人阶梯式提成比例详情

序　号	岗位级别	团队月度标准/万元		经理岗位月度个人提成（财务经理、内控经理）		
		业绩标准	毛利额标准	比　例	阶梯式提成	提成/元
1	翡翠	1 000	117	0.55%	0.3%+0.35%+0.4%+0.45%+0.5%+0.55%	4 385
2	首席	900	105	0.5%	0.3%+0.35%+0.4%+0.45%+0.5%	3 725
3	资深	800	94	0.45%	0.3%+0.35%+0.4%+0.45%	3 175
4	高级	700	82	0.4%	0.3%+0.35%+0.4%	2 635
5	中级	600	70	0.35%	0.3%+0.35%	2 155
6	初级	500	59	0.3%	0.3%	1 770

（3）主管级月度个人阶梯式提成比例，见表3-9。

表3-9 主管级月度个人阶梯式提成比例详情

序 号	岗位级别	团队月度标准/万元		主管岗位月度个人提成（总经理助理、财务主管、内控主管、运营主管、跟单主管）			
		业绩标准	毛利额标准	比 例	阶梯式提成	提成/元
1	翡翠	1 000	117	0.4%	0.15%+0.2%+0.25%+0.3%+0.35%+0.4%	2 630
2	首席	900	105	0.35%	0.15%+0.2%+0.25%+0.3%+0.35%	2 150
3	资深	800	94	0.3%	0.15%+0.2%+0.25%+0.3%	1 765
4	高级	700	82	0.25%	0.15%+0.2%+0.25%	1 405
5	中级	600	70	0.2%	0.15%+0.2%	1 105
6	初级	500	59	0.15%	0.15%	885

（4）专员级月度个人阶梯式提成比例，见表3-10。

表3-10 专员级月度个人阶梯式提成比例详情

序 号	岗位级别	团队月度标准/万元		专员岗位月度个人提成		
		业绩标准	毛利额标准	比 例	阶梯式提成	提成/元
1	翡翠	1 000	117	0.25%	0.1%+0.13%+0.16%+0.19%+0.22%+0.25%	1 695
2	首席	900	105	0.22%	0.1%+0.13%+0.16%+0.19%+0.22%	1 395
3	资深	800	94	0.19%	0.1%+0.13%+0.16%+0.19%	1 153
4	高级	700	82	0.16%	0.1%+0.13%+0.16%	925
5	中级	600	70	0.13%	0.1%+0.13%	733
6	初级	500	59	0.1%	0.1%	590

4.非业务岗位月度绩效。

（1）非业务岗位月度绩效金额基数根据岗位不同实行不同的月度绩效基数，见表3-11。

表3-11 非业务岗位月度绩效基数

序　号	岗　位	绩效基数金额/元
1	总经理	3 000
2	财务经理	2 600
3	内控经理	1 000
4	总经理助理	600
5	财务主管	1 000
6	内控主管	1 000
7	运营主管	900
8	跟单主管	900
9	会计	800
10	出纳	800
11	采购	700
12	跟单专员	500
13	前台	500

（2）非业务岗位月度绩效计算公式及计算规则，见表3-12。

表3-12 非业务岗位月度绩效计算公式及计算规则

序　号	绩效分数档位	绩效系数	实得绩效计算公式： 绩效基数金额 × 绩效系数
1	小于60分（不及格）	0	绩效基数金额×0
2	≥60分且＜70分	0.4	绩效基数金额×0.4
3	≥70分且＜80分	0.8	绩效基数金额×0.8
4	≥80分且＜90分	1	绩效基数金额×1
5	≥90分且＜100分	1.2	绩效基数金额×1.2
6	≥100分	1.5	绩效基数金额×1.5

5.福利。

（1）福利项目包含：全勤、餐补、工龄工资、生日津贴、社保，本薪酬制度不含其他常规福利。

（2）全勤：满勤200元。当月上班打卡记录无迟到、无早退、无请假的，则可享受全勤奖励200元。调休不扣全勤奖。

（3）餐补：满勤300元。公司设有午餐补助，如全勤每月可获得补助300元。如当月有迟到、早退、请假的，扣除100元，调休不扣。

（4）工龄工资：满1年每月增加20元，无上限。

（5）生日津贴：每年100元，按员工身份证上的出生月份发放。

（6）社保：缴纳标准根据国家相关规定增减。

6.年度奖金。

（1）年度奖金标准及提成比例（团队毛利额），见表3-13。

表3-13 年度奖金标准及提成比例（团队毛利额）详情

序号	岗位级别	团队月度标准/万元		总经理岗位年度奖金（月度计算）		经理岗位年度奖金（月度计算）		主管岗位年度奖金（月度计算）		专员岗位年度奖金（月度计算）	
		业绩标准	毛利额标准	比例	提成/元	比例	提成/元	比例	提成/元	比例	提成/元
1	翡翠	1 000	117	0.4%	4 680	0.35%	4 095	0.2%	2 340	0.15%	1 755
2	首席	900	105	0.39%	4 095	0.34%	3 570	0.19%	1 995	0.14%	1 470
3	资深	800	94	0.38%	3 572	0.33%	3 102	0.18%	1 692	0.13%	1 222
4	高级	700	82	0.37%	3 034	0.32%	2 624	0.17%	1 394	0.12%	984
5	中级	600	70	0.36%	2 520	0.31%	2 170	0.16%	1 120	0.11%	770
6	初级	500	59	0.35%	2 065	0.3%	1 770	0.15%	885	0.1%	590

公司非业务岗位年度奖金，根据职级和月度毛利额等级，实行不同的提成比例，职级越高，提成比例越高；毛利额标准越高，提成比例越高。

①总经理从"初级"到"翡翠"的提成比例为0.35%～0.4%。

②经理从"初级"到"翡翠"的提成比例为0.3%～0.35%。

③主管从"初级"到"翡翠"的提成比例为0.15%～0.2%。

④专员从"初级"到"翡翠"的提成比例为0.1%～0.15%。

（2）年度奖金计算规则：月度毛利额×相对应的提成比例；月度毛利额59万元以下，无年度奖金。

（3）年度奖金发放规则：月度计算，每月累计，年度发放（次年的1月及春节前发放总奖金的50%，余下50%在次年的3月15日前发放）。

第 4 章

股权激励的本质

　　在企业从无到有、从小到大的发展过程中，股权是绕不开的话题。股权激励更是能够有效地帮助企业长远发展。要想弄清股权激励的本质，就要先明白什么是股权和股权激励。

4.1 股权 = 股 + 权

对企业来说，发展中最重要就是人和钱，而这两件事情都离不开股权。本节我们主要介绍什么是股权、股权三大类型，以及股权设计常见的三大陷阱。

4.1.1 什么是股权

所谓股权，"股"指的是股份，"权"指的是权力，股权不只是有"价值"，还包含"权力"，是与企业控制权紧密相关的。当拥有股份时，就拥有了《中华人民共和国公司法》（以下简称"公司法"）赋予的表决权，在没有另外约定的情况下，持股的比例等于投票权的比例。股东拥有了"股权"，则拥有了向企业主张的各种权益，同时也拥有了基于股东资格而享有的、从企业获得经济利益并根据企业需要参与企业经营管理的权利。

股权中的"权力"和"利益"构成企业两大核心要素，股权比例的大小决定了股东对企业的话语权及控制权的大小，也是股东分红比例的依据。它既能调动一切核心资源为企业发展所用，也会由此引发一系列的合纵连横游戏规则。用得好，企业得以健康持续发展；用得不好，则会使企业危机四伏，如同埋下一颗随时会引爆的定时炸弹，从中可以看出股权的重要价值。

（1）股是股份：所有者的法律表现

股份是属于法律所规定的表示企业资本份额的计量单位，能直接表现出股东在企业总资本中所占的投资比例及所享有的可转让权利的数量。

（2）权是权力：决定企业经营权的归属

基于所持有的股份，享有相应的企业经营权力，如知情权、投票权、表决权、溢价权、分红权、转让权、继承权等，这些都是因为拥有股份而获得的相关权利。

4.1.2　股权的三大类型

在了解了股权的定义后，我们再来了解股权的三大类型，如图4-1所示。

图4-1　股权的三大类型

（1）股份＞权力：资本型股权

资本型股权就是只出资不出力的资本型股东，在企业里可能股份比较多，但享有的权力比较少。因为资本型股东主要是赚取企业的股权溢价和利润分红，而不过多参与企业的经营管理。

（2）股份＝权力：对等型股权

对等型股权就是股份与权力是对等的，按照法律正常规定执行，没有另行约束股份与权力的关系。

（3）股份＜权力：能力型股权

能力型股权就是既出资又出力的股东，为了保证其在企业里的经营管理权，而另行约定的、和股份比例不对等的权力。

4.1.3　股权设计的三大陷阱

股权设计有三大陷阱，分别是平分股权、一股独大、按出资配股，如图4-2所示。下面我们具体分析。

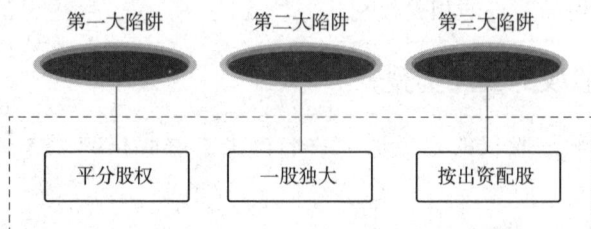

图 4-2　股权设计的三大陷阱

（1）第一大陷阱：平分股权

平分股权也被称为癌症股权，是很多企业在设计股权时常犯的毛病，一方面是对平分的倾向和青睐，另一方面也是为了消除"不患寡而患不均"的负面影响。但是，平分股权一方面会使得没有实际控制人的股东团队很难决策，最终会引起股东对控制权的争夺；另一方面也会让企业真正的创始人对企业的利益感到不安稳和不平衡，所以，平均分配股权常被列为第一大陷阱。

（2）第二大陷阱：一股独大

一股独大表现为看似有股东团队，其实就是一个人说了算。这种股权对企业发展不利，一方面是企业的运作规范与否在很大程度上都取决于控股股东，另一方面是其他股东对大股东行为的监督心有余而力不足。

（3）第三大陷阱：按出资配股

按出资配股虽然看上去具有信服力，但是如果只是按照出资比例为标准，那么资金雄厚的人成了大股东，如果懂经营还好，如果该出资人不懂经营，那么会给企业带来很多的潜在危机，而懂经营的人因为没有相应的权力而不能发挥其价值创造能力。因此分配股权也不能一味以出资比例为标准。

4.2　什么是股权激励

股权激励是通过获得企业股权的形式给予相关人员一定的经济权利，使他们能够以股东的身份参与企业决策，资金共投、风险共担、利润共享，从而以主人翁的身份为企业长期发展服务的一种激励方法。

企业发展靠企业家一个人或一个家族的能力与财力就能经营好的时代已经过去了，如今创业需要更多的人才加入进来，共同创造，而实现的重要途径就是股权激励。

例如：一家企业的总裁持股100%，其估值为6 000万元，通过做股权激励设计，分出去20%的股权，收回资金1 200万元。第二年，由于股东和员工的齐心协力，企业的业绩翻倍，利润翻番，企业价值也水涨船高，再做估值时，企业估值1.2亿元，总裁剩余80%的股权就相当于有9 600万元的身价。

归根结底，股权激励实质上是对利益的再次分配。只有将适当的利益以正确的方式，交到正确的人手中，激励才能生根发芽、开花结果。为了实现这一过程，需要优先解决两个根本问题：其一，如何通过股权分配争取到更多内外资源；其二，如何确保股权分配之后，企业的控制权依然在主要股东的掌控之中。为此，企业必须尽早确立股权激励的意识。

4.2.1　股权激励是基于激发员工的内在动力

从心理学方面来说，人们采取某种行为背后都是有驱动行为的动机和需求。在工作中同样也是如此，员工努力工作背后也是受到动力驱动。如果一个员工感受到努力工作能得到符合他预期的短期、中期甚至是长期的回报，他就会更加投入地工作，以期实现个人的职业发展和财富增长。股权激励同样是基于员工动力的可能性。

员工在受到股权激励后，会产生以下心理感受。

① 员工受到股权激励前只是一名普通的职员，但是受到股权激励后就变成了企业的合伙人，他会更有主人翁意识，也会产生自豪感。这份自豪感也会成为员工努力工作的动力源泉。

② 股权激励让员工不仅可以获得由劳动换来的主动性收入，还可以获得因股权分红而带来非劳动性的被动性收入。劳动性收入主要是指工资和奖金，而非劳动性收入则来源于企业的不断发展。随着企业品牌价值和市场占有率的提升，企业能够获得额外的利润。因此，受到股权激励的员工，除了工资和奖金外，还有机会获得企业的利润分红，甚至是企业的增值和溢价收益。

这些正面积极的心理感受促成了动力的来源，会让员工以更昂扬向上的姿态为企业的发展发挥出潜能，进而创造出巨大的效益。

因此，企业实行股权激励是基于激发员工内在动力的考虑。

4.2.2　股权激励的对象：企业的利益相关者

股权激励的对象是企业的利益相关者，下面从上市公司和非上市公司角度分析股权激励的对象都有哪些。

（1）上市公司股权激励对象

上市公司激励对象的确定要依照《上市公司股权激励管理办法》等相关法规的规定予以确定。

《上市公司股权激励管理办法》第八条规定："激励对象可以包括上市公司的董事、高级管理人员、核心技术人员或者核心业务人员，以及公司认为应当激励的对公司经营业绩和未来发展有直接影响的其他员工，但不应当包括独立董事和监事。外籍员工任职上市公司董事、高级管理人员、核心技术人员或者核心业务人员的，可以成为激励对象。单独或合计持有上市公司5%以上股份的股东或实际控制人及其配偶、父母、子女，不得成为激励对象。下列人员也不得成为激励对象：（一）最近12个月内被证券交易所认定为不适当人选；（二）最近12个月内被中国证监会及其派出机构认定为不适当人选；（三）最近12个月内因重大违法违规行为被中国证监会及其派出机构行政处罚或者采取市场禁入措施；（四）具有《公司法》规定的不得担任公司董事、高级管理人员情形的；（五）法律法规规定不得参与上市公司股权激励的；（六）中国证监会认定的其他情形。"

（2）非上市公司股权激励对象

非上市公司股权激励对象范围没有一个参考标准，法律对非上市公司激励对象的选择给予了相当大的灵活空间。

在非上市公司内，有以下五类股权激励对象：员工、上下游、消费者、资源方和资金方。

第一类激励对象是员工，企业应重点激励以下三类员工。

① 奖励历史贡献者。一些员工与企业一同成长起来，为企业作出了不可忽视的历史贡献，某种程度上说，企业发展到现在正是以他们的贡献为基础。

② 激励现在奋斗者。某种程度上说，股权激励的是对企业贡献最大的员工，以此激励更多的员工为企业做出更大的贡献而享有股权激励的机会。因此，企业可以从员工的业绩贡献、绩效考核等因素综合评定员工的价值贡献。

③ 预留未来的优秀者。企业要想发展壮大，光靠现有团队可能会存在力量不足的现象。因此，企业发展中要不断引进更多优秀的人才，为企业注入新鲜血液。那么企业的股权就要预留一部分给未来的优秀人才，以此激励他们创造出巨大的价值。

第二类激励对象是上下游企业。

为了建立稳定的产业链关系，可以将企业的上游供应商和下游渠道商、销售终端等纳入股权激励对象范围，让他们共同参与企业的价值创造。在与上游的议价中能争取更多的支持，在与下游的合作中能建立更加紧密的关系，以免渠道或终端"移情别恋"。

第三类激励对象是消费者。

优质的消费者也可以成为企业的激励对象。比如在终端门店中，可以将消费者发展成为众筹股东，这些股东给企业带来良好的口碑和流量分享，让他们在消费的同时也给企业带来转介绍，从而一边消费一边赚钱。

第四类激励对象是资金方，即为我们提供资金的人或企业。

资金方是股权激励的重要对象。企业在发展过程中，往往需要资金的助力，因此，对我们有良好认知的投资人就是我们股权激励的最佳人选。

第五类激励对象是资源方，即为我们提供发展需要的各种资源的人或企业。

资源是多种多样的，它包括信息资源、渠道资源及垄断资源等，企业在发展中需要各方面的资源助力。我们可以给予资源方一定的股权激励，但需要注意的是，资源方不应持有大股份，而是可以让他们通过投入较少的资金占有少量的股份。他们手里的资源可以进行日常"现过现"兑价，即他们为企业带来多大价值就给予多少回报，股份分红则按股权比例核算。

4.2.3 股权激励的错误认知

虽然股权激励很重要，但是不少企业对股权激励存在错误认知。具体来说，企业对股权激励的错误认知有以下四种，如图4-3所示。

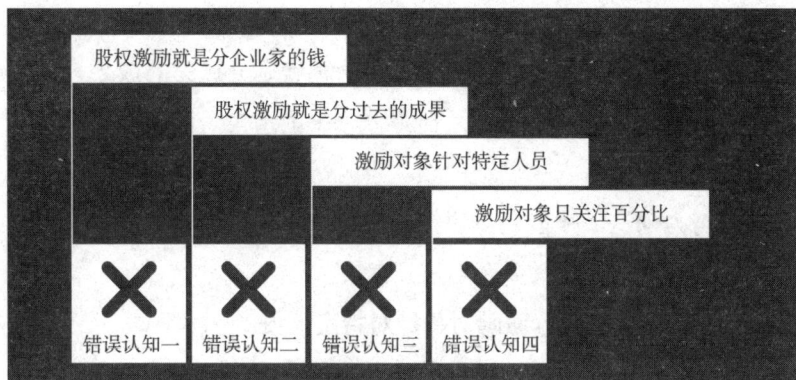

图 4-3　股权激励的四个错误认知

（1）错误认知一：股权激励就是分企业家的钱

不少企业家认为股权激励就是分企业家的钱，对股权激励比较抗拒。其实这一看法较为片面且消极，股权激励并不是表面看上去的分企业家的钱。尚未获得股权的员工的薪酬一般与工作价值挂钩，很少会考虑到成本。当股权与员工挂钩，员工往往会更注重成本控制；只有薪酬的员工一般只关注自己，获得股权的员工更关注全局，因为他会有"我是企业一分子"的意识；只有薪酬的员工更多地追求短期回报，获得股权的员工会更关注企业的未来成长。员工获得股权后，就会以主人翁的心态积极主动地工作，加倍努力地为企业创造利润。

"小企业家会赚钱，而大企业家会分钱"，股权激励正体现了这一点，它不仅可以有效地吸引人才，留住人才，更重要的是员工会像对待自己的事业一样关注企业的利润和发展。当更多的员工关注企业的利润和发展的时候，企业的发展前景和利润自然会提高。

（2）错误认知二：股权激励就是分过去的成果

常见的错误认知之二是认为股权激励就是分过去的成果，其实股权激励不是分企业的存量，而是分未来的增量。股权激励不是分过去的钱，而是分未来创造的钱。也就是说，只有当员工与企业一起共同努力创造，才能获得更多的利润回报，进而才能参与利润分配，股权激励重在分增量而不是分存量。

（3）错误认知三：激励对象针对特定人员

不少企业错误地认为股权激励对象只针对特定人员，例如某某副总经理、某某核心人员等。其实，股权激励的目的是实现某一特定阶段企业的战略目标，因此股权激励的对象主要针对相应的岗位，实行"对岗不对人"。当然，那些能够帮助实现企业目标的人员也可以纳入股权激励的范围。

（4）错误认知四：激励对象只关注百分比

不少企业家在实施股权激励的时候只关注激励对象的百分比，即只关注股权比例的大小。实际上，对于享有股权的员工来说，他们更看重的是企业的未来发展和企业能为他们带来的实际利益。换句话说，他们更关注的是股权所能带来的具体收益和增长潜力，而不仅仅是股权占企业总股份的比例。

正是因为存在以上四种误区，导致不少企业不敢做股权激励，也不愿意做股权激励。其实，股权激励对企业的发展有重大的作用，它既能避免内部优秀员工流失，股东之间彼此猜忌、内耗不断，又能在企业内部形成利益和命运共同体，让企业保持活力的同时还能助力企业持续增长。

第5章

企业战略规划设计

企业战略规划对企业发展发挥着重要价值。有效的战略规划既可以准确地确定企业和执行团队的发展方向（包括如何实现目标），还能有效地降低与业务增长相关的风险。总体上，企业战略规划设计可以通过做好战略设计、商业设计、治理设计、组织设计和产融设计来促进其落地实施。

5.1 战略设计：解决方向性的问题

战略设计解决的是方向性的问题，这一阶段，企业要明确我是谁（定位）、我要干成什么（目标），重点解决战略定位、战略目标的问题。

5.1.1 战略定位：我是谁

什么是战略？迈克尔·波特说："战略就是创建一个价值独特的定位"；特劳特说："战略是指企业如何在顾客心智中建立差异化定位，并由此来引领企业内部的运营"。那么，企业通过什么方式和途径为客户提供产品和服务，以获取和保持经营优势？通过对哪些客户提供服务以实现企业战略目标？这就需要做好战略定位设计。要想做好战略设计，企业第一步要做的就是解决战略定位问题。战略定位的核心解决的是"我是谁"的问题。

（1）战略定位的价值

战略定位对企业有着重要的价值，主要表现在以下三点。

① 战略定位决定着企业未来的发展方向。

企业有明确的发展方向，才能将有限的资源集中到特定的目标客户和主要产品上。企业若是做好了战略定位，就明确了企业"做什么"和"不做什么"，进而能够更好地集中力量和资源重点进攻，寻找到更多、更好的发展机会。

不少企业经营失败的主要原因就是发展方向不明确，这一行为不仅会浪费企业的资源，还会丧失发展机遇。从内部讲，发展方向不明确或经常变化，员工在工作中也会感觉茫然，进而难以发挥出潜能，创造价值，最终影响员工工作的积极性和主动性；从外部讲，企业发展方向不明确，还容易导致客户及合作方对企业的专业性和发展的持续性产生怀疑，进而影响产品的销售和合作方的支持。

②战略定位决定了企业的资源分配。

任何企业的资源都是有限的。企业资源主要包括品牌、设施设备、资金、渠道、合作关系及人才资源等。要想寻求最大价值，企业就要将有限的资源聚焦于能产生最大回报的事情上，而战略定位决定了企业的资源分配。

例如，当年的战略目标是拓展市场占有率，那么企业就会在营销策划、市场推广、销售促销和服务方面投入更多的资源；当年的战略目标是提高产品质量，那么企业就会在研发、生产、产品人才队伍建设方面投入更多的资源。

③战略定位决定了企业的经营决策。

企业战略定位决策是其他决策的前提和基础。企业的战略定位决定了企业采取什么样的经营决策。

例如，成都一家男装服饰品牌企业，在我们入驻该企业之前，其在成都市区及郊区县城区开设了18家连锁门店，年营业额3 000余万元。董事会计划继续扩大门店数量，同时增设女装门店品牌，以形成多品牌共进态势。

2019年我们入驻企业后，了解到企业门店数量不多，也未形成成都知名品牌，然而企业深耕成都近10年，主打男装，在小范围内有一定的品牌感和知名度。我们与企业领导层进行深入探讨，反复推演。研讨过程中，咨询导师与股东、经营层，股东与股东、股东与经营层之间产生了巨大分歧，甚至是重大的方向冲突。最后，企业一致通过了两个重大战略决策：①砍掉女装，主打男装；②连锁门店市场下沉，放弃县城以上城市，主打重点乡镇，高举低打。

企业的经营全部围绕这两个决策展开，经过近三年的发展，如今门店数量增加到120余家，年营业额1.3亿元。

（2）如何做好战略定位

要想做好战略定位，企业要关注以下三点。

① 企业要明确"我是谁"的问题。

首先，企业要明确自己是干什么的，同时要让顾客知道自己是干什么的。其次，企业要有一个竞争环境分析，可使用SWOT分析法从优势（strengths）、劣势（weaknesses）、机会（opportunities）、威胁（threats）等四个角度对自身扫描。

② 企业要明确自己的竞争对手是谁。

要想胜过竞争对手，企业首先要明确自己的竞争对手是谁，然后找到一个与竞争对手不同的且顾客期望的差异化定位。找到差异化定位之后，企业还要有一个可靠有力的依据支撑差异化定位。

③ 企业要做好产品差异化。

企业或品牌在顾客心中要有一个明确的定位，做好产品差异化，强化顾客认知，做到"宽度1厘米，深度1公里"。产品确定好之后，就要做好战略资源规划，围绕产品、包装、价格、市场、传播、研发、组织等多个方面，实现企业产品的差异化，给顾客一个选择你而不选择竞争对手的理由。

如果说战略是1，管理是0的话，如果1都没有立稳，后面再多的0也没有意义。

归结起来，要做好战略定位，就需要做好外部分析、内部定位、战略规划，并为企业找到信任感。

5.1.2　战略目标：我要干成什么

企业战略目标是指企业在一定的时期内要达到什么样的结果，

这个结果要能以清晰明确的方式向团队、社会准确地表达出来。企业战略目标解决的是"我要干成什么"的问题。战略目标分为短、中、长期目标。近年来，企业短、中、长期目标一般对应为1年、3年、5年目标，在实践中，我们可以从以下三个方面进行规划操作。

首先，要对企业现状进行盘点，包括数据分析（如年营业额、年度利润、产品成本、销售价格、运营费用、库存等）、优劣势分析法（SWOT分析法）、波特五力分析、产业链盘点、渠道盘点、市场盘点、人才资源盘点、资金盘点、资源盘点，等等。

其次，树立企业发展思路。基于分析给出一个判断，企业可以对内部做哪些调整和改变，再分析一下企业可以对外部做哪些调整和改变，将内部和外部调整和改变所能导致的结果与不做调整和改变的结果进行比较，寻找变化和差别。

最后，企业可以将战略目标细化为基本目标，进而更明确自身需要干成什么才能实现战略目标。企业的基本战略目标通常有以下八种。

① 市场目标：企业计划覆盖的区域及希望达到的市场占有率，以及在竞争中预期达到的市场地位。

② 技术改进目标：对哪些技术或产品进行改进、创新，以及在服务内容上的改进措施。

③ 提高生产力目标：进行生产工艺提升及生产效率提升，以及提高原材料的利用效率，最大程度提高产品的数量和质量。

④ 金融资源目标：扩大获得金融资源的渠道及其经营资源。

⑤ 利润目标：1年、3年、5年中希望达到的利润额及利润率。

⑥ 人力资源目标：人力资源的获得、培训和发展，有效发挥出员工的才能。

⑦ 团队目标：对员工进行激励、增加报酬、团建等措施以打造

高绩效团队。

⑧ 社会责任目标：让企业成为一个对社会有正向影响的企业，承担更多的社会责任。

"想5年，看3年，认认真真干1年"。总之，要想战略目标具有可操作性，企业就需要将其转化为具体的小目标和工作安排。可以说，在定义企业的宗旨和使命之后，再围绕具象化的目标，如市场、产品、资金、生产、研发、利润、人力资源、社会责任等，分别从企业的宗旨与使命出发，以设立预计的结果及路径方向，就是确立企业战略目标的过程。

要实现战略目标，就得有清晰的战略路径。如何制定战略路径呢？我们总结了PCEM战略定位法（即产品-客户-企业-市场定位法），具体内容如下：

P（product）产品定位：爆品战略。产品不仅包括我们通常看得见的"产品"，也叫商品，还包括看不见的模式以及股权。企业要兼具产品、模式和股权三种产品功能，才有做大做强的可能性。通常我们说"无产品，不交易"，"无模式，不商业"，"无股权，不裂变"。

C（customer）顾客定位：精准客户。顾客定位可以从年龄定位，如婴儿、儿童、青少年、中年、老年等；从性别定位，如男性、女性；从购买能力定位，如低端、中端、高端；从职业定位，如公务员、教师、医生；等等。

E（enterprise）企业定位：平台思维。企业是做单体企业、连锁企业，或者是平台企业？需要根据创始人及行业、产业性质决定。在实践中要做到核心资产少数化，经营决策专家化，管理执行社会化。

M（market）市场定位：生态商业。企业是定位在区域，还是做本市、全省、全国，甚至是全球，要做好生态商业的整体规划。

5.2　商业设计：解决路径的问题

商业设计解决的是路径的问题，要想做好商业设计，重点在于确定好产品模式、顾客模式、营销模式和盈利模式。

5.2.1　产品模式：销售什么

产品模式是指企业要明确自己要做的产品是什么，企业应该卖什么产品，而不是有什么卖什么。某种程度上说，领导层应该是首席产品官。尤其在互联网和新流量时代，如今的产品设计更要基于市场和对手去定制符合战略定位的产品。这里，我们认为好的产品模式应该是爆品+产品链模式，主要设计一款爆品，再根据精准客户画像来设计产品链。具体来说，有以下五点。

① 引流产品，用免费模式或微费模式，实现微亏或无利。

② 渠道产品，解决渠道获利的问题；实现微利。

③ 主营产品，解决消费者认知问题和建立心智，实现中利。

④ 盈利产品，解决企业盈利的问题，实现厚利。

⑤ 延伸产品，解决资源再次转化的问题，实现暴利。

企业在设计产品模式时，应依据数据跟踪进行分析。产品的数量并非越多越好，也并非越少越好，关键是要确保产品有价值、有销量、有增长潜力且能满足市场需求。为了方便大家理解，我们把产品设计分为"明日黄花""如日中天""明日之星"三大类。"明日黄花"是指原来卖得好，现在还不能马上淘汰的；"如日中天"是指一直卖得好的；"明日之星"是指未来有市场，现在有增长的新品。

除了要践行以上几点外，企业在设计产品模式上，还要向科技型企业学习，即卖一代、准备一代、研发一代。因为随着市场发展和顾客需求的变化，产品迭代速度越来越快了。要想持续满足顾客需求，企业就要不断地研发和创新。

5.2.2 顾客模式：销售给谁

不少企业在做顾客定位时，常常将目标顾客群体定位在所有群体，想要把产品卖给所有人，但是这一定位可能会让企业丧失原本能抓住的那部分用户群体。基于此，企业就要确定并设计好顾客模式，帮产品找到精准的消费者（精确用户画像）并根据战略定位和产品设计匹配顾客画像，使得产品和顾客是一致的。

以做股权激励咨询的企业为例，精准的顾客需要满足以下五个条件。

① 企业处于发展期；

② 业绩在3 000万元以上；

③ 创业时间在3年以上；

④ 团队人数在50人以上；

⑤ 利润在150万元以上。

在此基数上，还可以进一步按区域市场为目标确定顾客群体，进一步分析发现国内生产总值（GDP）在5 000亿元以上的城市和地区更容易有他们的客户。

再比如，某牛奶品牌在做顾客定位时，发现北方市场已经被另一牛奶品牌占据时，于是它果断地把顾客市场定位到南方市场，结果获得了目标市场的认可。

总之，在顾客模式上，企业一定要明确自己产品的精确顾客是谁。

5.2.3 营销模式：怎么销售

营销模式是指人们在营销过程中采取哪些方式把产品送达顾客手上。这里主要介绍两种营销模式。

（1）线上线下，批零兼营

由于互联网的迅速普及，线上线下联合发展已经成为必然趋势。所谓"得渠道者得天下"，批发商家要做批零兼营（兼有批发交易与零售交易的商品交易方式），即要下沉市场做零售，深入到三四线城市去营销产品；做零售连锁的商家要往上做供应链，去中间化。即便是只做零售的，都应该实行"会员制"，做内部批发。

（2）多销合一

"多销合一"即要把坐销、行销、电销、网销、视销等多种方式应用起来，当然不是简单地将这些销售方式结合在一起，而是根据自己的情况该用几种就用几种。

总体上说，营销的核心就是运用多种方式找到更多的顾客，提高成交率和客单价，这也是营销模式的重点要义。

5.2.4　盈利模式：怎么获利

盈利模式是指企业获取利润的方法和途径，即如何赚钱。常见的盈利模式有六种。

① 产品盈利法，即通过销售产品赚取差价的方式盈利。

② 品牌盈利法，是指利用品牌的力量进行产品溢价和附加值延伸，赚取更多的利润。

③ 模式盈利法，常见于互联网商业模式中，比如互联网核心主业不盈利，在前端获得庞大的用户数，后端通过广告、游戏和电子商务等方式来盈利。当然，传统企业也需要模式盈利法。

④ 连锁盈利法，是指复制渠道，批量盈利，常见如连锁品牌店。

⑤ 产业盈利法，是指集研发设计、生产加工、销售渠道于一身的全产业盈利模式。

⑥ 平台盈利法，即整合资源，构建系统，通过提供服务和促进交易来实现盈利。

除了以上六种盈利模式外，还有收租盈利法、金融盈利法、资源盈利法等其他模式。虽然这些盈利模式各有不同，但是好的盈利模式的特点就是多点盈利、复合盈利。

5.3 治理设计：解决发展的问题

结构治理定布局。企业包括古典企业和现代企业，古典企业包括个体户、有限合伙企业，现代企业包括有限责任公司和股份有限公司。

企业治理结构中的现代企业制度建设，是一种规范企业各方主体权利和义务的制度。现代企业结构治理的核心是"三会一层"，即股东会、董事会、监事会和经营管理层。现代企业制度建设的核心在于分清角色。其中，股东会负责资本管理，董事会负责决策管理，监事会负责监督，经营管理层负责管理执行和资产管理，他们各司其职、相互配合，有序协调企业发展。治理结构是现代企业制度中最重要的组织架构。它明确了"三会一层"之间的权力、责任和利益，帮助企业形成清晰的利益机制和决策机制，确保企业生产经营活动有序、有效。同时，它也能起到权力相互制衡、协调关系的作用，还能有效地激励和约束管理者，对企业的管理及存续发展至关重要。

"三会一层"权责怎么分？归纳起来为以下几点。

股东会，管资本，负责投不投。

董事会，管决策，确定干不干。

监事会，做监督，检查十没十好。

经营管理层，管资产，负责怎么干。

企业进行治理设计还要根据自身的发展过程进行企业类型设计。比如，有限合伙企业、有限责任公司、股份有限公司等设计在什么地方，并做好公司群设计。因为很少有一家优秀的企业只有一个法人主体，大多是由几层的多家公司构成。一般来说，集团企业治理结构可以分为六层，从上到下分别是：控股层、投资层、持股层、资本层、产业层、业务层，如图5-1所示。

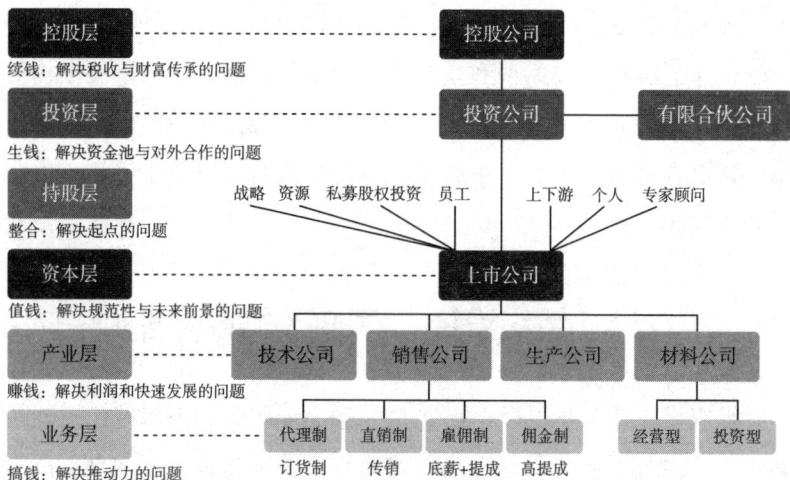

图 5-1　企业治理结构

第一层是控股层，通常是指创始人家族公司，也是控股公司，其在企业发展过程中的主要责任是"续钱"——解决税收与财富传承的问题。

第二层是投资层，通常是指投资公司（有限合伙公司），其在企业发展过程中的主要责任是"生钱"——解决资金池与对外合作的问题。

第三层是持股层，包括持有企业股份的个人和组织，其在企业发展过程中的主要责任是"整合"——解决起点的问题。

第四层是资本层，通常是指上市公司（集团公司），其在企业发展中的主要责任是"值钱"——解决规范性与未来前景的问题。

第五层是产业层，即产业链上下游的技术公司、销售公司、生产公司、材料公司等，其在企业发展中的主要责任是"赚钱"——解决利润和快速发展的问题。

第六层是业务层，即企业发展的业务模式，包括代理制、直销制、雇佣制、佣金制等，其在企业发展中的主要责任是"搞钱"——解决推动力的问题。

未来企业结构治理的特征是"企业集团化，公司专业化"。

企业的治理结构关系到企业正常的生产运营。好的治理结构可以理清人员结构及具体的职责和权力，给予团队清晰的发展目标、增强团队信心和凝聚力，同时在融资及扩张时可以给予资本方以清晰的发展路径。

5.4　组织设计：解决管理的问题

组织设计是企业进行专业分工和部门协调配合的系统建设过程。随着企业规模的扩大，管理者很难直接安排和指挥组织内部的所有活动及每一名员工的每一项工作，在此情况下，企业就要通过组织设计解决管理的问题。

组织设计的主要任务是设计出清晰的组织结构和管理脉络，明确各部门的职能、职责和职权，进一步细分各部门的活动范围并编制职务说明书。

组织模型大体包括以下三种。

① 金字塔组织模型，它的特点是层级多、职级多、分工细致。

② 矩阵式组织模型，它的特点是纵横式管理，横向管行政，纵向管专业。

③ 社群式组织模型，它的特点是去中心化、创客式组织、小组制。

组织设计有很多价值，主要有以下三点。

① 组织设计不能一成不变，要随着环境变化而变化。

② 组织设计能够通过规划设计，有效聚集新的企业资源，同时还能有效协调各部门之间、人员与任务之间的关系，并且让员工明确自己在组织中的权力和责任。

③ 组织设计有助于企业目标的顺利开展，最终保证企业目标的实现。

在了解组织设计的价值后，接下来我们就要具体了解企业要想做好组织设计，应该做好哪些工作。通常来说，企业需要做好以下两点工作。

① 根据组织目标，确定相应的各项工作，概括起来为"五定"：定岗、定编、定人、定责、定效。其中，定岗指明确岗位；定编指每个岗位需要多少人，整个组织核定多少人；定人指具体人员；定责指岗位职责；定效指岗位人效及平均人效。

② 在做组织设计时，管理者要重点注意组织效能的问题，即要考虑用哪种组织结构能减少沟通成本、决策成本、执行成本。现如今流行的扁平化组织结构和社群创客式组织结构，它们有一个共同的特点就是为了降低管理成本，增强组织活力。

总之，组织设计解决的是管理的问题，企业要通过践行以上两点，最大化地发挥出组织设计的独特价值，为企业管理奠定扎实的基础，使其不会出现大的疏漏。

5.5 产融设计：解决供应链的问题

产融设计是指产业与供应链金融，解决的是供应链的问题。供应链金融是以核心企业为依托，面向产业上下游企业提供的综合性金融产品和服务。

在新时代下，产融设计更显现出了独特的价值。2020年9月18日，《中国人民银行 工业和信息化部 司法部 商务部 国资委 市场监管总局 银保监会 外汇局关于规范发展供应链金融 支持供应链产业链稳定循环和优化升级的意见》（银发〔2020〕226号），以下简称"意见"，第一次明确了供应链金融的内涵和发展方向，向市场传递清晰的信号。

意见指出："供应链金融是指从供应链产业链整体出发，运用金融科技手段，整合物流、资金流、信息流等信息，在真实交易背景下，构建供应链中占主导地位的核心企业与上下游企业一体化的金融供给体系和风险评估体系，提供系统性的金融解决方案，以快速响应产业链上企业的结算、融资、财务管理等综合需求，降低企业成本，提升产业链各方价值。"

可以说，供应链金融不仅为企业创造更多的发展空间、降低企业成本，还能解决供应链中各节点企业（尤其是中小企业）资金短缺、周转不灵等问题，进而激活整个供应链的高效运转。

随着时代的发展，越来越多的企业开始参与供应链金融的实践，实现新时期的产融结合。比如，大型企业、电商平台、物流企业、银行和支付公司，尤其是 B2B 电商平台（进行电子商务交易的供需双方都是商家，使用了互联网的技术或各种商务网络平台，完成商务交易的过程。）更是在供应链金融方面有很多创新。可以说，打通供应链、产业链、生态链，已经成为企业发展的新趋势和新境界。企业在发展过程中要不断增强产融结合的能力，从设计产业链、增加现金流、多元化融资、财务资源高效分配、资产证券化、产融互动等方面，全方位提升产融结合的能力。

第6章

股权激励"15定"

要做好股权激励，得有步骤和方法，按流程稳步推进。在企业咨询实践中，我们总结出简单易操作的股权激励"15定"，按照"15定"方法完善每一个细节，一个适合企业实际情况的股权激励就完成了。"15定"分别是：定目的、定目标、定价格、定对象、定方法、定模式、定额度、定来源、定时间、定权力、定进入、定退出、定考核、定转变和定协议。

6.1 定目的——为什么要做股权激励

股权激励，是企业激励和留住核心人才而推行的一种长期激励机制。它能够使员工分享企业成长带来的收益，并以主人翁的心态参与企业发展。从这个角度来说，无论企业的形态及资本结构如何，是否为上市企业，都需要实行股权激励机制。

股权激励作为一种长期激励机制有四种目的：战略性目的、战术性目的、投机性目的、对员工的目的。

6.1.1 战略性目的：做大做强，基业长青

战略性目的是指企业通过实施股权激励来实现的战略目标，是企业制订战略计划、确定战略布局、选择战略行动的重要依据。从战略性目的角度看，股权激励是帮助企业做大做强和实现企业基业长青的重要手段。

6.1.2 战术性目的：稳定团队，延缓衰老

战术性目的是企业通过股权激励来指导和实现特定战术目标的手段。找到合伙人、稳定团队，融发展资金，延缓企业衰老，实现有钱有闲。

（1）找到合伙人、稳定团队

一般来说，企业的所有者与员工之间的利益存在一定的差异。所有者看长远发展，员工看短期收益，两者之间在某种程度上存在一定的冲突。企业要通过股权激励让有创业精神的员工变成企业的所有者，让更多的员工关注企业的长期发展，使其个人利益与企业利益趋于一致，从而形成企业利益的共同体、事业共同体乃至命运共同体，从而稳定团队，实现企业长治久安。

（2）融发展资金

企业的发展过程中，需要研发产品或对产品进行提档升级、拓展市场、打造团队，进行超常规发展或升级换代，这些都需要投入大量的资金，而理想的融资方式之一，便是通过股权激励来融得这些必要的发展资金。

（3）延缓企业衰老

通常，股权激励可以有效地整合员工、上下游、资金方、资源方等各方资源，且群策群力，延缓企业衰老。

（4）实现有钱有闲

通过股权激励稀释股权，可以让更多的人（特别是核心员工）拥有企业股份，包产到户、风险共担、目标分解、责任下沉，实现创始人及创始股东有钱有闲的目的。

6.1.3 投机性目的：转移风险，撤离、转行

当企业发展到一定阶段且市场的发展变化并不能充分预测时，创始人会有一种对未来发展前景不能完全把握的担忧心理，或者在市场变化所带来的机遇下产生新的目标方向。基于此，不少创始人乐于通过股权激励稀释股权，让更多的人拥有企业股权，并参与到企业经营中来。这一行为能够带来三个明显的好处。

① 实现企业风险共担；

② 收益提前变现；

③ 实现华丽转身，彻底解放自身。

对企业的目的：提高企业整体业绩、留住核心人才、吸引优秀人才、改善企业的现金流状况、完善企业的治理结构、约束经营者短视行为。

股权激励对企业有着诸多的好处，具体来说有以下六种，如图6-1所示。

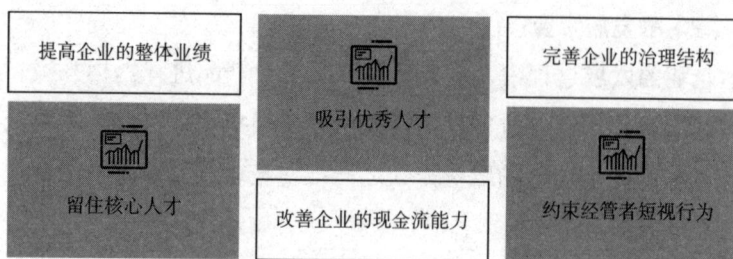

图 6-1　股权激励对企业的好处

（1）提高企业的整体业绩

股权激励与其他的激励最大的不同，就在于股权激励是一种利后分配，只有整体业绩提升进而实现利润提升后，个人的收益才会兑现。因此，它会大大提高整个团队的积极性、主动性和创造性，实现整体业绩的提升。

（2）留住核心人才

股权激励是长期利益，也是未来的利益。它使核心人才和企业之间成为"一荣俱荣、一损俱损"的关系，让核心人才看到未来的希望，同时也隐性地增加核心人才的离职成本和犯错成本。非上市企业实施股权激励，有利于企业稳定老员工，留住优秀的管理人才和技术人才。

（3）吸引优秀人才

通常情况下，优秀人才不只简单地追求个人利益，他们在工作上会有很多追求和抱负，以实现自身价值。股权激励能让企业员工看到未来的希望和价值，从而吸引优秀人才加入企业。

（4）改善企业的现金流能力

企业实行股权激励，不仅激励人才，它更是需要员工掏钱买股权，这一行为有利于增强企业的现金流能力。

（5）完善企业的治理结构

股权激励有利于完善企业的治理结构。实行股权激励要明确激励对象的职能职责及岗位价值，以便合理确定其股权比例。这就要求企业在组织架构中明确每个员工的职能、职级及岗位价值，实现人岗结合。

（6）约束经营者短视行为

传统的如年度奖金等激励方式，对经营者的考核主要集中在企业业绩及短期财务数据。这样，经营者就会只注重短期行为甚至会因追求短期利益而损害企业长期利益。实施股权激励，对被激励人员的考核不只是在年度业绩上，而更重要的是关注年度利润及企业的长期价值。

6.1.4　对员工的目的：回报老员工，激励新员工

老员工在企业中有几个重要的作用，一是在企业发展中贡献了相应的价值，二是老员工得到的回报也会给新员工树立信心。所以，企业通过股权激励回报老员工，不仅会让老员工更加感恩、更加忠诚，同时也能激励着更多的新员工，使其相信通过努力，在未来能得到相应的丰厚回报。

可以说，股权激励有利于提高员工的积极性、竞争意识、责任心，也会大大增强创造力，工作效率会大幅提高。此外，股权激励也起到股权释"兵权"的作用，如果创业元老们的知识和才能已不能适应企业的发展，就必须退下来，可以给予创业元老们一定的股权激励，让他们退出核心岗位或退居幕后，这就是常说的"金色降落伞"制度。

6.2　定目标——企业要做成什么样

"以终为始定战略，以始为终定战术"，定战略目标是股权激励最重要的一环。在不少领导层及员工眼里，一说到目标，常常认为

就是指业绩目标。其实，实现业绩目标不是领导层的目的，实现利润目标才是领导层的最大目的。所以这里我们建议企业"定目标"应是一套系统的经营逻辑推演，是从最终的利润目标一步步往前推的完整推演方法。

6.2.1　必须确定的七个目标

企业的创始人要想定好目标，就要做好企业目标规划表。目标包括利润目标、业绩目标、市场目标、团队目标、产品目标、费用目标、利润分配目标。这七个目标建议按照短期目标、中期目标和长期目标进一步划分。以成都一家干洗连锁企业为例进行分析，见表6-1。

表6-1　企业目标规划表

目标类型	短期目标（1年）	中期目标（3年）	长期目标（5～10年）
利润目标	150万元	1 500万元	6 000万元
业绩目标	1 000万元	10 000万元	50 000万元
市场目标	成都	四川	长江流域
团队目标	企业8人 工厂15人 门店30人	企业30人 工厂150人 门店300人	企业100人 工厂800人 门店1 500人
产品目标	洗衣、洗鞋	洗衣、洗鞋、洗涤用品、洗涤设备	洗衣、洗鞋、洗涤用品、洗涤设备、服装
费用目标	350万元	3 500万元	19 000万元
利润分配目标	企业70%，合伙人及团队30%	企业52%，合伙人及团队48%	企业45%，合伙人及团队55%

通常，短期目标就是指1年目标，中期目标是指3年目标，长期目标是指5～10年目标。要想进行目标规划，需要制定一个5～10年的长期规划，看清方向；然后认真思考推演3年的目标，明确路径；最后对1年目标进行仔细推演，实施全面预算管理和执行。

6.2.2 实现目标的方法和路径

在上一小节中，我们说到了七个目标，这里我们就具体介绍实现这七个目标的方法和路径。

（1）定利润目标

定利润目标大致有以下四种方法。

① 依据历史数据定目标。通常会依据过去3年或1年的利润数据制定下一年度或3~5年的利润目标。

② 根据企业盈亏平衡点制定目标。即企业管理者可通过计算得出要获得多少利润，企业才不至于亏损。

③ 根据发展规划和市场环境制定利润目标。进一步说，企业可根据自己未来的发展规划及市场的当前情况和未来走势制定利润目标。

④ 根据领导层"感觉"制定利润目标。即根据自己对未来1年或3~5年内期望获得的满意利润来制定目标。虽然这种方法听起来似乎不太靠谱，但是这种"感觉"往往是驱动企业发展的重要原动力。

根据利润目标往下推，进而得出其余六个目标实现的方法和路径。

（2）定业绩目标

业绩目标根据利润目标推导出来，要想定业绩目标，企业就要确定产品的毛利率是多少，盈亏平衡点是多少，需要实现多少销售额才能完成利润目标。

（3）定市场目标

要想确定市场目标，企业就要根据业绩需要拓展相关市场。

（4）定团队目标

要想确定团队目标，企业就要弄清楚多少团队、多少人才能完成这样的销售业绩。

（5）定产品目标

要实现以上几个目标，企业需要哪些产品？能否做到"宽度一厘米，深度一公里"，最大化地挖掘产品深层次的需求和价值。

（6）定费用目标

要想确定费用目标，企业就要确定下一年或3～5年的费用预算。

（7）定利润分配目标

实现了利润及业绩目标后，企业愿意拿出多少来分，以及需要分给哪些人。

七个目标制定完成后，企业还需要再反过来对利润目标进行推演验证，看整个目标系统是否合理，是否可执行。

总之，企业目标规划是一整套商业逻辑推演流程，在操作中可以采用全面预算管理模型进行落地实施。

6.3　定价格——如何作价？如何估值

定价格解决的是如何作价和如何估值的问题，这里介绍几种非上市企业的估值方法。

6.3.1　初始投资估值法

初始投资估值法是根据企业开办或经营中投入的现金和资产进行现金总值折算的估值方法。它的优点是简单明了，估值清楚，企业可以很快得出现金和资产的估值。

6.3.2　利润估值法

利润估值法是根据企业利润额度的一定倍数进行估值。它在估值时，大致有以下三种依据：

① 根据过去1年的利润；

② 根据过去3年利润的平均值；

③ 根据未来3年预算利润的平均值。

通常，估值分对内估值和对外估值，对内估值指针对能力型员工进行估值，其倍数范围通常在3～5倍；对外估值指针对资金型股东或资源型股东的估值，其倍数范围一般在5～10倍。

大多数情况下，投资人更看重的是投资回报率，所以利润估值法对原始股东、能力型股东和投资型股东来说，都是一种比较公平的估值方法。进一步说，投资型股东看得到明确的回报，员工成为股东会更加努力为企业创造价值，对原始股东来说也是一种对企业经营成果的认可。同时，利润估值法规避了企业经营中原始投入及过去经营投入核算不清的问题。

6.3.3　净资产估值法

净资产估值法是根据企业现存价值进行估值的一种方法。它的优点是容易与投资人达成共识；缺点是净资产评估比较困难，不同的评估企业往往评出的价值不一样。

此外，还有业绩估值法、现金流估值法、可比交易估值法等。它们依据企业经营业绩、经营现金流，或参考以前发生过的同类型可比企业被收购时的估值，来进行估值。总之，不同的估值方式有不同的特点，企业可根据自己的实际需求选择适合自己的估值方法。

6.4　定对象——对哪些人进行股权激励

定对象，即在股权激励方案设计中确定将哪些人作为激励对象，以此确定激励对象的标准，要确定合适的激励对象，需要遵循以下原则。关于定股权激励对象的内容，我们在第4.2节的相关内容中也有分析过。本节不仅关注企业内部，还着眼于企业外部。具体有以下五类。

6.4.1　员工

员工是企业的重要组成部分，也是帮助企业快速发展的重要力量。在第4.2节的内容中，我们建议对历史贡献者、现在奋斗者和未来的优秀者进行股权激励。

6.4.2　上下游

一个企业顺利发展，上游企业和下游企业是相互依存的。

通常，当产业链还不够成熟，各环节、各链条之间的界线还不够清晰时，由一个企业主导进行链条整合，效率是最高的。换句话说，企业要想有大发展，就要有效地联动上下游。如果企业能够将上下游的企业紧密捆绑在一起，就能形成一条产业链。你的同行只是这个产业链上的一个点，而企业在经营整条产业链，掌握话语权。

因此，企业在做股权激励时，也要将上下游纳入其中，将他们拉入利益共同体中来，创造出更大的价值。

6.4.3　消费者

消费者是企业的基石，消费者的口碑就是理想的广告，能够在口口相传中很好地宣传企业的品牌和产品，进而让更多的消费者了解。基于此，企业要建立良好的消费者激励机制，给予消费者一定的物质回报（包括金钱回报），将消费者变成企业的经销商和渠道商，通过消费复购和转介绍，企业可获得更多消费者流量。

6.4.4　资金方

股权是企业的骨骼，经营是企业的肌肉，资金是企业的血液。缺少资金，企业的生存和发展就得不到保障。基于此，资金方对企业发展也有着重要价值,所以企业也要将资金方纳入股权激励中来,进而使得企业经营发展能够有充足的资金,从而获得更多的保障。

6.4.5 资源方

资源方是指能够为企业提供资源的人或企业,对企业的发展同样具有重要的意义。他们所提供的物质资源、渠道资源等,都能够促进企业的发展。基于此,企业也要将资源方纳入股权激励对象中来,进而激励他们拉动更多的资源,为企业的发展增添更多的活力。

6.5 定方法——用什么方式入股

定方法是指入股人用什么方式入股。具体来说,常见的入股方式有以下五种。

6.5.1 出钱

出钱包括出货币、土地、厂房、设备等。以货币出资为例,是指股东直接用资金向企业投资,出资可以实缴也可以认缴,实缴的股东需将资本金转入企业指定账户并办理验资手续,认缴即按公司法规定缴纳。

6.5.2 出力

出力包括出能力、技术等。企业可根据绩效及价值贡献确定股权激励份额。例如,设立技术创新奖励机制,对在技术研发、专利申请等方面做出突出贡献的员工给予额外股权激励;对于核心技术人员,可以提供技术入股或项目收益分成等更具针对性的股权激励方式。

6.5.3 出时间

出时间是指通过约定劳务输出的方式来获取股份,即根据付出的工作时间来获得相应的股权。如时间期股：干满3年总共给予6%的股份，那么可以第1年1%，第2年2%，第3年3%。

6.5.4　出资源

出资源是指用客户资源、渠道资源入股，这种入股方式主要为拥有客户资源、渠道资源等类型的股东所设计。对于这类股东，尽量不要直接给予注册股，而应先量化考核其资源转化的结果，再根据结果进行注册，且股权比例尽量控制在10%以内。需要注意的是，成为资源型股东的前提是他的这些资源对于企业来说非常重要，并且能够为企业带来实际效益。

6.5.5　出智慧

出智慧是指能为企业发展经营出谋划策的人，比如行业咨询师或专家。

除了以上方式外，还有一种组合方式，即不只以一种方式入股，而是以超过一种的方式入股，例如以集出钱、出力和出资源为一体的方式入股。

6.6　定模式——用什么股权工具进行激励

一个企业的成功，关键在于整个核心团队能够长期投入大量时间、精力去实现企业的战略目标，全职参与并居于重要岗位的人，可以给予实股激励，但仅仅提供资源、不全职参与的人，则可以给予其虚股激励或者项目提成。

6.6.1　实股激励

所谓实股，就是实实在在的股权，是指依照公司法具备股东资格的股权，是真股权。实股是员工在企业所实际拥有的股份，是在工商行政管理局做过注册或变更登记手续的，拥有股东的股票权、表决权、继承权、转让权和分红权，可参与企业重大决策和投票，受国家法律保护的真正意义上的股东。

实股激励是一种直接、简单且有效的股权激励方式，它旨在补偿和回报那些为企业辛勤付出并做出杰出贡献的员工。通过这种方式，员工在退休后仍能享受到企业剩余价值的分配。具体来说，实股激励的优势有以下四点。

① 让员工共享企业的未来，进而会更全身心地投入创造，也能让企业跃升到一个新的台阶。

② 有利于吸引人才。实股所带来的高预期收益有助于吸引更多优秀的人才，进而保证企业的长期稳健发展。

③ 企业可以将节省下来的现金资源用于发展。获得实股激励的员工会与企业利益紧密地联系在一起。

④ 有利于稳定核心管理层，让他们对未来及未来收益更有信心。

当然，实股激励也存在局限，主要表现为以下四点。

① 短期效果不明显。与短期激励相比，实股激励重在未来。这对看重能立即拿到利益的员工来说，不能产生充足的动力。

② 预期收益的最终结果难以预料。虽然实股的预期收益可观，但是市场千变万化，存在很大的不确定性，所以实股预期收益的最终结果却难以预料。这对于追求稳定的员工来说，无疑是不切实际且冒险的。

③ 转让变现比较困难。未上市企业的股权不能在股票市场自由交易，转让会变得困难，交易活跃度也存在问题。

④ 回收代价太大。因为没有约束条件得到的股权，往往只能通过回购来收回。尤其对于发展势头良好的企业，股权的价值不可同日而语，往往企业要付出高出常规几倍甚至几十倍的代价才能收回。

6.6.2 虚拟股份

虚拟股份是指给激励员工的一种享有企业分红权的凭证。被激励的员工可凭协议约定享有一定数量的分红和收益，但不享有其他权利。因为其不在工商行政管理局办理注册登记，没有法律层面赋予的投票表决权，更无法继承转让和出售，往往在其离开企业时自动失效，所以不是真正法律意义上的股东。虚拟股份有些类似在职分红激励，一般只分业绩利润，不分资产，跟业绩、绩效、职位和在组织架构中的作用有关。

虚拟股份的优点有以下四点。

① 简单易操作。企业不用到工商管理局办理相应的手续，只通过一纸协议就能激励员工，让员工与企业成为利益共同体。

② 短期激励效果明显。虚拟股份是另一种形式的分红，实质上是业绩绩效的一部分，具有真正的激励价值。

③ 激发员工关注企业的利益，懂得开源节流。通常情况下，企业的利润越高，员工分到手的就越多。

④ 有助于企业在短期内实现业绩提升。虚拟股份一方面会驱动员工敢于挑战更高的目标，创造更好的业绩；另一方面，当企业将超额利润部分能够掌出60%甚至更高来进行分配，会激发员工更加努力地工作。

当然，虚拟股份也有其缺点，具体表现在以下三点。

① 员工因太关注短期利益而忽略企业长远目标。

② 在企业收益欠佳或亏损的情况下，不仅难以起到激励作用，反而会挫伤员工的积极性。

③ 虚拟股权没有表决权和转让权，不是法律意义上的真实股份，因此对核心骨干员工不能起到稳定作用。

6.6.3 期股激励

期股激励是指员工有条件地以约定价格、约定时间内取得或免费获得适当比例的企业股份的一种激励方式。通常，期股激励的优点有以下三点。

① 股票增值与企业效益关联。

② 锁定了在企业中的贡献时间，让激励对象更多地关注企业的中长期利益。

③ 激励对象不必一次性支付巨资。

6.6.4 期权激励

期权又称为选择权，是在期货的基础上产生的一种衍生性金融工具。期权激励是股权激励的一种典型模式，是企业对被激励员工授予在约定的时间期限、以事先约定的价格购买企业股票/股份的权利。其目的在于能够更好地激励员工、降低费用成本、改善治理结构。期权激励的对象主要是企业的高层管理人员和技术骨干。总的来说，期权激励的优点有以下四点。

① 具有长期激励效果。

② 可降低委托代理成本。

③ 可提升企业的业绩。

④ 可提高投资者的信心。

期权激励的缺点是被激励员工可能会为自身利益而使用不法手段抬高股价，也会导致被激励员工的收入与普通员工的收入差距加大。

6.6.5 分红回偿激励

分红回偿激励也被称为承债式股权。分红回偿是指企业股东或员工向企业借款入股，用分红冲抵借款。未冲抵借款的股份只有分红权，已冲抵借款的股份拥有完全所有权。其适用对象主要是非上市企业的中层人员和技术骨干。

分红回偿激励的优势在于激励对象不需要自掏腰包购买股权，只需向企业借款即可入股，日后用红利冲抵借款或转让款就可以拥有完整股权权益。企业减少现金支出，员工获得长远收益，企业收益与激励对象挂钩，充分调动其积极性。然而，分红回偿激励也存在一些缺点，主要有以下两点。

① 激励对象在未用红利冲抵借款前可以将所有红利用于回偿，亦可部分用于回偿。

② 员工对所获得的股权不像自己出"真金白银"购买回来的股权那么珍惜。

6.6.6　业绩股权激励

业绩股权是指企业设定合理的业绩目标和科学的绩效评估体系及预决算体系，激励对象达到约定的条件之后，企业直接奖励其约定的股权（股票），或者提取激励基金购买企业股权（股票）对其进行奖励，或者允许员工用奖金购买约定的股权（股票）。业绩股权激励的优点有以下四点。

① 将股权与业绩挂钩，效果明显，激励员工努力完成业绩目标，实现企业和员工的双赢。

② 激励对象所获得的激励基金必须购买企业股票，约定时间内不能转让，具有一定的稳定性。

③ 使激励对象真正持有股票或股权。一旦将来股票/估值下跌，激励对象会承受一定损失，具有一定约束作用。

④ 设置周期，可以一年实行一次，能够发挥滚动激励、滚动约束的良好作用。

业绩股权激励的缺点是，由于难以确保企业设定的业绩目标的科学性，这可能导致激励对象为获得业绩股权而采取弄虚作假的行为，还可能会因激励成本较高而增加企业现金支付压力。

6.6.7 其他激励方法

除了以上六种股权激励方法外，还存在其他激励方法，包括赠予股份、优先认股权、员工持股计划，等等。其中，赠予股份是指激励对象在满足赠予协议中的约定条件后，即可获得完整权益的股份，适用于对企业有重大贡献的关键人才。

优先认股权是指企业发行新股时，按照原股东的持股比例，给予其在约定期限内依约定价格优先认购一定数量新股的权利。

员工持股计划是指企业成立员工持股管理委员会（或委托第三方），让员工出资认购企业的股权，从而使其享有股东权益。

它们也有其各自的优缺点，企业可根据实际需要做出相应的选择。

6.7 定额度——拿多少股份比例进行激励

定额度，即拿多少股份比例进行激励，是每个做股权激励的企业非常关注的话题。股权激励的额度过少不能起到激励的效果，过多会影响企业的经营决策。在此情况下，股权激励定额度的前提是要充分了解"股权九条生命线"。"股权九条生命线"主要是指公司法及相关法律法规中约定的表决权比例。

6.7.1 第一条生命线：67%绝对控制线

股东在公司的股权占比超过三分之二（约为67%），就相当于拥有100%的决策权，对企业修改公司章程、增减注册资本、合并、分立、解散，以及变更公司形式等重大决议事项有通过的权利。

具体来说，这些权利主要包括以下六种。

①增加或者减少公司注册资本。

②修改公司章程。

③公司的合并、分立、解散。

④变更公司形式，如有限责任公司筹划上市改制为股份有限公司。

⑤决议上市公司在一年内购买、出售重大资产或者担保金额超过公司资产总额30%。

⑥其他有关法律法规的特殊规定。

67%绝对控制线是有法律依据的，下面我们分别从有限公司、股份公司、上市公司的角度进行解读。

（1）针对有限公司

公司法第六十六条规定："股东会的议事方式和表决程序，除本法有规定的外，由公司章程规定。股东会作出决议，应当经代表过半数表决权的股东通过。股东会作出修改公司章程、增加或者减少注册资本的决议，以及公司合并、分立、解散或者变更公司形式的决议，应当经代表三分之二以上表决权的股东通过。"

（2）针对股份公司

公司法第一百一十六条规定："股东出席股东会会议，所持每一股份有一表决权，类别股股东除外。公司持有的本公司股份没有表决权。股东会作出决议，应当经出席会议的股东所持表决权过半数通过。股东会作出修改公司章程、增加或者减少注册资本的决议，以及公司合并、分立、解散或者变更公司形式的决议，应当经出席会议的股东所持表决权的三分之二以上通过。"

（3）针对上市公司

公司法第一百三十五条规定："上市公司在一年内购买、出售重大资产或者向他人提供担保的金额超过公司资产总额百分之三十的，应当由股东会作出决议，并经出席会议的股东所持表决权的三分之二以上通过。"

《上市公司股东大会规则（2022年修订）》第二十三条规定："股权登记日登记在册的所有普通股股东（含表决权恢复的优先股股东）或其代理人，均有权出席股东大会，公司和召集人不得以任何理由拒绝。优先股股东不出席股东大会会议，所持股份没有表决权，但出现以下情况之一的，公司召开股东大会会议应当通知优先股股东，并遵循《公司法》及公司章程通知普通股股东的规定程序。优先股股东出席股东大会会议时，有权与普通股股东分类表决，其所持每一优先股有一表决权，但公司持有的本公司优先股没有表决权：（一）修改公司章程中与优先股相关的内容；（二）一次或累计减少公司注册资本超过百分之十；（三）公司合并、分立、解散或变更公司形式；（四）发行优先股；（五）公司章程规定的其他情形。上述事项的决议，除须经出席会议的普通股股东（含表决权恢复的优先股股东）所持表决权的三分之二以上通过之外，还须经出席会议的优先股股东（不含表决权恢复的优先股股东）所持表决权的三分之二以上通过。"

《上市公司股东大会规则（2022年修订）》第四十五条规定："公司以减少注册资本为目的回购普通股公开发行优先股，以及以非公开发行优先股为支付手段向公司特定股东回购普通股的，股东大会就回购普通股作出决议，应当经出席会议的普通股股东（含表决权恢复的优先股股东）所持表决权的三分之二以上通过。公司应当在股东大会作出回购普通股决议后的次日公告该决议。"

虽然67%绝对控制线拥有很多的权利，但是它同样也存在使用限制。具体表现在以下三点。

① 同股不同权的限制。公司法第六十五条规定："股东会会议由股东按照出资比例行使表决权；但是，公司章程另有规定的除外。"根据公司法，有限公司可以约定同股不同权，如果公司章程另有约定，67% 的持股比例也不一定具有绝对的控制权。但是，股份公司是同股同权的。

② 上市公司关联关系回避表决的限制。《上市公司股东大会规则（2022 年修订）》第三十一条规定："股东与股东大会拟审议事项有关联关系时，应当回避表决，其所持有表决权的股份不计入出席股东大会有表决权的股份总数。股东大会审议影响中小投资者利益的重大事项时，对中小投资者的表决应当单独计票。单独计票结果应当及时公开披露。公司持有自己的股份没有表决权，且该部分股份不计入出席股东大会有表决权的股份总数。……"

因此，对上市公司而言，在某些特殊事项下持股 67% 并不一定构成绝对控制权。

③ 起到绝对控制的效果。绝对控制线既适用于有限责任公司的股东会，也适用于股份有限公司的股东大会。股份有限公司的决议要求的是出席会议的三分之二以上表决权通过。有限公司的决议必须经持有三分之二以上表决权的股东通过。尤其对于上市公司而言，由于中小股东众多，很多中小股东会缺席股东大会，因此即使持股比例低于 67%，在很多中小股东缺席股东大会的情形下，也有可能占出席股东大会的表决权比例的三分之二以上，进而起到绝对控制的效果。

6.7.2　第二条生命线：51% 相对控制线

51% 相对控制线是指公司的普通决议需要表决权过半数通过，如选举董事、聘请审计机构等。51% 并非公司法的术语，"过半数"

在日常企业注册中一般用51%表示，所以51%被称为相对控制线。

拥有51%的表决权比例，公司的一般经营事务都可以决定，这些权利主要包括以下七点。

① 决定公司的经营方针和投资计划。

② 选举和更换非由职工代表担任的董事、监事，决定有关董事、监事的报酬事项。

③ 审议批准董事会的报告。

④ 审议批准监事会或者监事的报告。

⑤ 审议批准公司的年度财务预算方案、决算方案。

⑥ 审议批准公司的利润分配方案和弥补亏损方案。

⑦ 其他需要普通决议的相关事项。

其法律依据来源于以下两个法条。

公司法第六十六条针对有限公司股东会的约定："股东会的议事方式和表决程序，除本法有规定的外，由公司章程规定。……"对于有限公司，普通决议由公司章程自己决定。

公司法第一百一十六条针对股份公司股东大会的约定："股东出席股东会会议，所持每一股份有一表决权，类别股股东除外。公司持有的本公司股份没有表决权。股东会作出决议，应当经出席会议的股东所持表决权过半数通过。……"

在了解51%相对控制线的权利和法律依据后，我们同时也要注意51%相对控制线在实践中需要关注的三点事项。

① 有限责任公司在公司章程中进行约定时，务必理解"过半数"与"半数以上"的区别，"过半数"不包含50%，而"半数以上"可能包含50%。章程中必须避免出现"半数以上""二分之一以上"的约定，否则可能会造成决议无法通过的现象。

② 公司法仅有股份有限公司中普通决议的过半数表决条款。而

有限责任公司的普通决议由公司章程规定。

③ 有限责任公司的公司章程还需明确说明是"股东人数过半数"还是"股东所持表决权过半数"。

6.7.3　第三条生命线：34%安全控制线

34%安全控制线的法律依据与绝对控制线法律依据相同，具体参考第6.7.1节的内容。

通常，34%安全控制线在实践中要注意以下两点。

① 与绝对控制线相对。如果其中一方持有三分之一以上的表决权，另一方就无法达到三分之二以上表决权，那么一些涉及生死存亡的重大决策就无法通过。

② 所谓一票否决只是相对于生死存亡的重大决策，对普通决议不适用。同理，33.4%、33.34%等均可作为安全控制线。

6.7.4　第四条生命线：30%要约收购线

股份比例额度设定的第四条生命线是30%要约收购线。其法律依据主要有以下两个。

《中华人民共和国证券法》第六十五条规定："通过证券交易所的证券交易，投资者持有或者通过协议、其他安排与他人共同持有一个上市公司已发行的有表决权股份达到百分之三十时，继续进行收购的，应当依法向该上市公司所有股东发出收购上市公司全部或者部分股份的要约。收购上市公司部分股份的要约应当约定，被收购公司股东承诺出售的股份数额超过预定收购的股份数额的，收购人按比例进行收购。"

《上市公司收购管理办法》第二十四条规定："通过证券交易所的证券交易，收购人持有一个上市公司的股份达到该公司已发行股份的30%时，继续增持股份的，应当采取要约方式进行，发出全面要约或者部分要约。"

6.7.5　第五条生命线：20%同业竞争线

同业竞争是指上市公司的控股股东所控制的其他企业所从事的业务与上市公司的业务构成或可能构成直接或间接的竞争关系。一般认为，20%以上股权对企业经营决策产生重大影响，所以普遍认为20%以上股权为重大同业竞争警示线。

根据公司法第一百八十一条规定："董事、监事、高级管理人员不得有下列行为：（一）侵占公司财产、挪用公司资金；（二）将公司资金以其个人名义或者以其他个人名义开立账户存储；（三）利用职权贿赂或者收受其他非法收入；（四）接受他人与公司交易的佣金归为己有；（五）擅自披露公司秘密；（六）违反对公司忠实义务的其他行为。"

虽然同业竞争和公司法第一百八十一条规定的竞业禁止的主体不尽相同，但是可以作为参考。20%同业竞争线，在企业合伙经营中一般会以竞业协议的方式约定同业竞争规定。

6.7.6　第六条生命线：10%临时会议线

股东如果拥有10%的股份，就可以拥有举行临时会议的权利，并拥有临时质疑、调查、起诉、清算、结算公司的诉权。

其法律依据是公司法第六十二条和第六十三条规定。

公司法第六十二条规定："……代表十分之一以上表决权的股东、三分之一以上的董事或者监事会提议召开临时会议的，应当召开临时会议。"

公司法第六十三条规定："股东会会议由董事会召集，董事长主持；董事长不能履行职务或者不履行职务的，由副董事长主持；副董事长不能履行职务或者不履行职务的，由过半数的董事共同推举一名董事主持。董事会不能履行或者不履行召集股东会会议职责的，由监事会召集和主持；监事会不召集和主持的，代表十分之一以上表决权的股东可以自行召集和主持。"

在了解 10% 临时会议线的法律依据后，我们也要了解企业在实践中的注意事项。通常，10% 临时会议线在实践中要注意以下两点。

① 公司法第六十二、六十三条适用于有限责任公司。持有十分之一以上表决权的股东可以提议召开临时会议，在董事和监事均不履行召开临时会议时可以自行召集和主持。

② 公司法第一百一十三、一百二十三条规定适用于股份有限公司，代表十分之一以上表决权的股东、三分之一以上董事或者监事会，可以提议召开董事会临时会议。董事长应当自接到提议后十日内，召集和主持董事会会议。正因为股份公司特别的性质，10% 的临时会议线带有强制性。

6.7.7　第七条生命线：5% 股东变动线

5% 股东变动线是指上市企业如果有超过 5% 股权的股东要变更股权，就需要进行公示。其法律依据是《中华人民共和国证券法》第八十一条规定："发生可能对上市交易公司债券的交易价格产生较大影响的重大事件，投资者尚未得知时，公司应当立即将有关该重大事件的情况向国务院证券监督管理机构和证券交易场所报送临时报告，并予公告，说明事件的起因、目前的状态和可能产生的法律后果……"

6.7.8　第八条生命线：1% 临时提案线

1% 临时提案线指持有公司百分之一以上股份的股东，可以在股东大会召开十日前提出临时提案的权利。

其法律依据是我国公司法第一百一十五条规定："召开股东会

会议，应当将会议召开的时间、地点和审议的事项于会议召开二十日前通知各股东；临时股东会会议应当于会议召开十五日前通知各股东。单独或者合计持有公司百分之一以上股份的股东，可以在股东会会议召开十日前提出临时提案并书面提交董事会。临时提案应当有明确议题和具体决议事项。董事会应当在收到提案后二日内通知其他股东，并将该临时提案提交股东会审议；但临时提案违反法律、行政法规或者公司章程的规定，或者不属于股东会职权范围的除外。公司不得提高提出临时提案股东的持股比例。公开发行股份的公司，应当以公告方式作出前两款规定的通知。股东会不得对通知中未列明的事项作出决议。"

需要注意的是，本条线仅适用于股份有限公司，有限责任公司没有如此复杂的程序性规定。

6.7.9 第九条生命线：1%代位诉讼线

1%代位诉讼线是指股东持有1%股权达180天以上，可以拥有间接的调查与起诉权，可以向法院提起诉讼。

其法律依据是公司法第一百八十九条规定："董事、高级管理人员有前条规定的情形的，有限责任公司的股东、股份有限公司连续一百八十日以上单独或者合计持有公司百分之一以上股份的股东，可以书面请求监事会向人民法院提起诉讼；监事有前条规定的情形的，前述股东可以书面请求董事会向人民法院提起诉讼。监事会或者董事会收到前款规定的股东书面请求后拒绝提起诉讼，或者自收到请求之日起三十日内未提起诉讼，或者情况紧急、不立即提起诉讼将会使公司利益受到难以弥补的损害的，前款规定的股东有权为公司利益以自己的名义直接向人民法院提起诉讼。……"

在实践中，关于1%代位诉讼线，我们需要注意以下两点。

①本条线适用于股份有限公司，提起诉讼的股东必须同时满足持股1%以上和持股180日以上这两个条件。

②代位诉讼权发生的前提，通俗来讲是董事、高管人员违法违章损害公司利益，而监事会或董事会又拒绝提起诉讼。股东则可以直接以自己的名义代替公司直接向法院提起诉讼。

6.8　定来源——股份来自哪里

定来源，即股份来自哪里。股份来源一般有做减法和做加法两种方式。

6.8.1　做减法：减持套现

做减法是指把原有的100%股份逐步稀释出去，即通过把原有股东的股份拿出一部分奖励给激励对象。比如，企业要对员工A进行股权激励，准备给予5%的股份，那么企业原有股东的股份就需要拿出5%股权，从100%股份降到95%股份。也就是说，做减法最终导致的是原有股东的股份减少。

另外，除了容易导致原有股东利益损失，做减法还可能导致激励对象减持套现。比如，激励对象员工A拿到5%的股权以后，准备离职，就会把所持的股份售出套取现金带走。

6.8.2　做加法：增资扩股

当一家有限责任公司效益良好，想要加速扩张时，就需要更多的资金。增资扩股便是一种很好的公司融资方式。例如原股东股份份额占比分别为67%和33%，增资100万元后，股份份额也发生了变化，如图6-2所示。

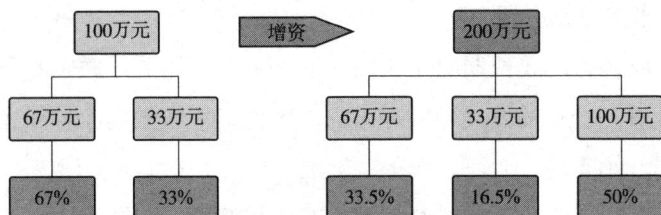

图 6-2 增资扩股后的变化

增资扩股是指企业通过增加企业注册资本金的方式，向社会募集股份、发行股票等以增加企业的资金总量。增加的部分由新股东认购或新股东与老股东共同认购，以增强企业的经济实力，用于投资必要的发展项目。

增资扩股的好处非常明显，一方面是能解决激励对象获取股份后不努力作为的问题。因为企业的总股数是不断增加的，而不能为企业继续创造价值的人的股份绝对值是不变的，但实际上分红比例在不断减少。换句话说，如果获得股权的人不努力，公司会给比你努力的人股份，就会有更多的股东进来稀释你的股份，这样你的分红比例就会慢慢变小。因此，这种方式会促使被激励者更加努力工作，争取多做贡献，多赚取股数，从而增加分红比例。

另一方面增资扩股可以帮助公司募集更多资金，减轻负债对公司造成的压力，增加业务和收益。值得强调的是，公司必须拥有一份关于增资扩股的完整且行之有效的业务计划。如若不然，这一举措对股东而言可能带来诸多不利影响。

6.9 定时间——时间节点及期限是什么

不少管理者都非常关注企业应该在什么时候进行股权激励，在什么时候开始股权激励？年初，年中还是年末？初创期，发展期，还是成长期或成熟期？

一般认为，成长期的企业的发展潜力非常明显，激励对象可以清晰地看到企业的发展希望和潜力。因此，股权激励应该在企业的成长期开始实施。

其实，企业在任何时候都需要有股权激励。不同性质、不同规模的企业，或者同一企业的不同发展阶段，实施股权激励的目的不相同，效果也会截然不同，股权激励的制度也要有所区别。

6.9.1 初创期

初创期的企业员工数量少，规模小，盈利模式尚未形成，产品质量不稳定，福利待遇也有待完善，同时面临着许多未知的困难和障碍。因此，企业往往没有足够的现金去吸引优秀的人才加入。创业初期是一个企业初步建立时期，与此同时，人才是关键。对于能够参与创业的几个核心人物，此时应该要以股权激励作为重要的激励方式，进而让激励对象将工作当成自己的事业。而股权作为身份的象征，具有很好的激励价值。

企业可以用低薪酬和高分红，例如虚拟股权来激励员工与企业共进退。虚拟股权激励的特点是相当于以能力入股，不用出资，既可以分红，又不用承担亏损风险。需要注意的是，虚拟股权可以分红，但是激励对象没有表决权和所有权，离开企业就自动失效。这在一定程度上解决了企业当下需要人才又要控制人力成本的难题。

可以说，初创期的企业主要是强调未来和愿景，实施股权激励可以让创业团队迅速把企业做活。初创期的激励对象主要为企业核心高管。

6.9.2 发展期

企业在发展期，股权激励显得尤为关键。随着企业从初创阶段过渡到发展期，其经营环境和内部需求都发生了显著变化。这一阶段，企业不仅面临着市场拓展和产品线优化的挑战，同时也需要确保核心团队的稳定性和积极性。因此，制定并实施有效的股权激励策略，对于吸引和留住关键人才，以及激发员工的创造力和工作热情至关重要。

其一，企业迈过初创生存阶段进入发展期，发展前景比较明朗，发展空间也很大。员工都希望能够在这种状态的企业里工作，既实现事业梦想，又能获得更多的薪酬。此时如果企业能推出股权激励方案，员工也会受到极大的激励，很愿意将自身利益和企业捆绑在一起，与企业共创未来。

其二，企业处于发展期，资金并不十分充足，此时如果有员工愿意入股，那么对企业来说，不仅留住了人才，还能获得更多资金，有利于企业的稳定发展。

相比于企业在初创期因为体现的外在价值不大而需要拿出较多的股权进行激励才能使激励对象产生动力，发展期的企业，其内在和外在价值逐渐显现，只需要用少量的股权和中等程度薪酬标准就可以产生很好的激励效果。除了初创期的虚拟股权激励外，发展期的企业还可以采用业绩股票激励模式、股票期权、限制性股票等激励模式。

发展期企业的主要激励对象除了企业的核心高管之外，还有优秀的业务负责人，例如营销、技术部门的主管等。

6.9.3 扩张期

处于扩张期的企业，相对于发展期来说，已经度过最困难的阶段，处于较稳定的状态，企业的资金、人才都开始慢慢聚集。此时企业面临的更多是选择和决策，例如是继续稳扎稳打经营现有的业务线，还是拓展更多的相关业务线。

企业处于扩张期时，除了决策很重要，人才的储备也很重要。一切的扩张经营都需要人去实施，尤其是核心人才的把持和管理。此时，核心人才的稳定并且继续发挥价值对企业来说十分重要。

扩张期的企业实施股权激励可以多激励模式并行实施。比如，核心高管可以给予实股股权，核心技术人员与中层人员可以考虑期权或虚拟股权方式。

6.9.4　成熟期

成熟期的企业内部人才已经经历几轮洗刷，留在企业的员工，要么是功勋卓著的元老，要么是能力出众的新秀。通常，企业成熟期的激励所指有以下两种情况。

①企业经过一段时间的发展后，已经过了高速发展阶段，进入平稳期，需要新的刺激或者新的增长方式才能形成快速发展。

②企业经过一段时间的发展，已经走向集团化，企业旗下已经有一个或多个子公司，原有的人才结构和组织结构已经不适应企业的发展，需要引进新的人才方可以推动企业走向新的高度，股权激励将再次成为企业发展和创新的重要工具。此时，企业在实施股权激励时要区别对待。分公司可以根据实际运营情况采用虚拟股分红、注册实股等。总部较适合采用集团激励方式，这样更能推动企业发展。

各种股权激励方式对于成熟期的企业来说都是适用的，关键在于所确定的股权激励方式是否符合企业的自身条件。从已有的例子来看，大多数企业采用的激励方法除了期权形式之外，还有限制性股权激励模式、业绩股票激励模式、年薪制转股权的模式、股票增值权模式等。

在激励规模上，由于成熟期企业规模庞大，或者具有行业龙头地位，其激励规模要比创业期、发展期及扩张期的激励规模小，做到适量的激励即可。

6.9.5　稳定期

企业发展到稳定期，可能面临上市或者已经上市等问题。此时企业已有能力回馈员工和社会。如果推行注册股重组，或者尝试实施适合上市企业的期权激励方案，并不断完善和优化，那么企业不仅会变得更有人情味，而且还能使基业长青。

6.10　定权利——激励对象有哪些权利

定权利即指激励对象有哪些权利。一般来说，激励对象拥有以下权利，如图6-3所示。

股东收益权　　　股东治理权　　　股东知情权　　　股东诉讼权

图6-3　激励对象拥有的四项权利

6.10.1　股东收益权

股东收益权是指股东有权要求公司根据法律和公司章程规定，依据公司的经营情况，分派股息和其他应得收益，具体包括利润分配权、股权转让权、优先购买权、优先增资权、股权回购请求权、剩余财产分配请求权等。

6.10.2　股东治理权

股东治理权是指股东治理公司的权利，具体包括股东会议出席权、股东表决权、临时股东会议提议召开权、股东大会临时提案权、董事会临时会议提议召开权、股东会议与董事会议撤销权等。

6.10.3　股东知情权

股东知情权是指股东了解公司信息的权利，具体包括查阅和复制公司重要文件权、查阅会计账簿权、股东会议知情权、对公司特殊人员报酬的知情权。

6.10.4　股东诉讼权

股东诉讼权是指股东为了自己的利益对公司或其他侵权人包括公司大股东董事、监事和职员提起的诉讼的权利，具体包括对滥用股东权利的起诉权、对利用关联关系损害公司利益者的起诉权、对股东出资违约的起诉权、确认决议无效或撤销的起诉权、股东请求公司收购其股权的起诉权、对董事监事高管的派生起诉权、请求司法解散公司权。

6.11　定进入——成为激励对象的条件

定进入即定成为股权激励对象的条件，达到这个条件，就可以成为股权激励的对象，拿到激励的股权。定进入门槛可以为企业识别更有价值的激励对象，进而发挥出股权激励的价值。一般来说，成为激励对象的条件常从以下几个角度考量。

6.11.1　价值观标准

价值观标准是指激励对象具有的软实力，它能够帮助企业筛选志同道合、更能发挥出价值的合作者。对大多数企业来说，需要积极向上、勇于担责、和企业思想一致的人成为股权激励对象。具备这种特质的合作者不仅可以与企业共进退，还能正向影响企业的氛围，激发大家为企业目标奋斗。

6.11.2　业绩条件

业绩条件是判断是否为激励对象的重要条件。

企业的员工分为两种，资产型员工和负债型员工。资产型员工是指拥有一定能力和技术的人才，他们不仅可以充分胜任工作，还能创造性地完成，给企业创造巨大的价值。相反，工作能力低，散布负能量，影响其他员工的行动力和积极性的员工是负债型员工。

从业绩条件角度考量，企业就要让资产型员工成为股权激励的对象，不仅要考虑其已经做出的贡献，也要考虑其将来可能做出的贡献，最大限度地调动资产型员工的积极性，释放他们潜藏的能量。

6.11.3　工龄条件

股权激励是长期的激励制度，忠诚的员工才能够成为激励对象。因此，企业也要充分考量员工的工龄条件，激励工龄时间长、忠诚度高、业绩好的员工。总体原则是：绩效比工龄重要，级别比绩效重要，价值观一票否决。

6.12　定退出——激励对象的退出规则

定退出即定激励对象的退出规则。退出是强调什么情况下可以保留股东身份和权益，什么情况下丧失股东身份和权益。

定退出规则非常重要。其一，股权的增值权是通过退出机制实现的，激励对象只有将股权卖出去才能实现增值。所以，给激励对象设定退出规则也是实现增值权的一种途径。

其二，激励对象中途离职或退出。当员工离职后，是否还能拥有企业的股权这一问题，也是企业非常关注的问题。如果企业在做股权激励的时候，没有考虑好退出规则，一旦发生员工离职的情况，股权就很难回购回来，甚至产生纠纷。另外，对于股东来说，如果员工离职股权不能回购的话，新进的员工往往面临着无股可分的情况。只有将离职员工的股权收回来，这样才能循环下去，生生不息。

6.12.1 惩罚性退出：1元价格退出

惩罚性退出，是指因激励对象自身过错而被要求退出激励计划，公司按照不高于其出资额度的价格回收所持股份。惩罚性退出有严格的限制条件，股东必须存在违规、违约情形才能实施。

例如，股东触犯下列限制条件之一，公司有权取消其股东身份，1元收回其股权，并不再发放当年红利，如给公司造成损失须赔偿。

① 工作未满合同约定的年限主动辞职的。

② 未经公司董事会（或股东会）批准，擅自转让、质押、信托或以其他任何方式处分其持有的股权。

③ 严重违反公司规章制度，给公司造成重大损失。

④ 违反竞业禁止协议，给公司造成重大损失。

⑤ 被依法追究刑事责任。

⑥ 绩效考核达不到约定考核标准。

⑦ 其他严重损害公司利益和名誉的行为。

6.12.2 普通退出：原始价格退出

普通退出也被称为原始购股价格退出。普通退出一般是因为激励对象非主观因素导致不能继续工作或创造价值，或达到约定条件，公司设置的股权激励限制方式。

例如，股东发生如下情形之一，公司有权以原认购价格回购其持有的股权，并不再发放当年红利。

① 丧失劳动能力，或不能胜任工作岗位。

② 死亡、被宣告失踪。

③ 达到退休年龄。

④ 由于不可抗力或其他非股东过错，导致约定工作无法完成。

6.12.3　奖励性退出：期末净资产退出，市值估值退出

奖励性退出包括期末净资产退出和市值估值退出。当初注册资本100万元，目前净资产500万元，占股10%，则按50万元价格退出。

最新融资估值的折扣价——奖励性退出。完成多少业绩，做出重大贡献，有一定的年限（如8年以上），则可以按最新公司的估值"折扣率"的价格退出。具体打几折，是双方谈判和事先约定的结果。

6.12.4　协议约定退出：协议约定不同时间如何退出

通常，协议签订后三年内为股权锁定期，锁定期内乙方不得退股，若因特殊原因需要退股，须提前1个月向股东会提出书面申请，申请批准后，由甲方出资收购乙方股份。

关于甲方出资收购乙方股份的具体约定可参照以下标准进行设计。

① 本合同签订不满1年，甲方按乙方投资金额减去已分红金额后的70%的金额收购乙方股份。

② 本合同签订后满1年且不满2年，甲方按乙方投资金额减去已分红金额后的80%的金额收购乙方股份，甲方收购乙方股份当年乙方不再享受当年分红。

③ 本合同签订后满2年且不满3年，甲方按乙方投资金额减去已分红金额后的90%的金额收购乙方股份，甲方收购乙方股份当年乙方不再享受当年分红。甲乙双方签订股权转让合同之日起3个月

内，甲方以现金/转账方式向乙方支付收购乙方股权的全部款项。

锁定期内，非乙方过错导致乙方与公司解除劳动关系的，乙方选择不退股，则甲方有权1元强制收购乙方所持有公司股份的50%。锁定期结束后，非乙方过错导致乙方与公司解除劳动关系的，乙方可选择不退股，保留所持有的公司股份。

6.12.5 风险承担约定：按比例承担或一直不承担

在风险承担的约定方面，通常规定乙方在公司开办的前两年内无须承担公司的亏损；两年期满后30天内，乙方可书面申请由甲方收购乙方所持有的公司股份，收购价格按照乙方实际出资金额计算，甲方在收到乙方书面申请后不得拒绝；如超过上述期限，乙方未向甲方提出收购乙方股权的书面申请，则甲乙双方按照其各自所持股权比例享受盈利后的分红或承担对应的亏损。

6.13 定考核——激励对象的考核标准

定考核是指定激励对象的考核标准。一般来说，企业会从业绩、利润、能力、价值观、人才培养、学习力等角度进行考核。

6.13.1 业绩考核

业绩考核是针对企业中每个员工所承担的工作，应用科学的定性和定量的方法，对员工行为的实际效果及其对企业的贡献或价值进行考核和评价的一种方式。

业绩考核以按照"定目标"确定下来的业绩目标为基础，对目标实施分解，根据"三档五级制"确定考核办法及考核机制，并签订目标责任书。

例如，某企业设定的目标是今年完成业绩目标8 700万元，全部完成，则设定系数为1；那么，完成8700万元的90%～100%，则设定系数为0.9；完成了80%～90%，则设定系数为0.8；完成70%～80%，则为0.7；完成70%以下，则为0；完成120%，则设为1.2，以此类推。这种考核方式相对公平，且具有一定的激励性。

6.13.2 利润考核

利润考核，通常是指企业对公司所经营的所有项目是否达到预期的利润、营业收入进行考核，同时评估员工所创造的价值是否有盈利等。企业考核员工的最终目的在于让员工为企业赚取更多的利润。然而，在现实情况下，大多数企业在设定考核指标时，往往只会设定业绩指标，很少设置利润指标。造成这种情况主要有以下三种原因。

① 有的领导层不愿向员工公布企业利润。

② 不少领导层不知道企业有多少利润。

③ 即便领导层知道利润是多少，通常也是事后核算的利润，他没有一套科学的方法预估下一年度或未来五年的利润，所以他也无法给员工定利润目标。

利润目标设置是一套完整的体系，需要用上述"定目标"的步骤全面推演，用全面预算管理的系统方法加以执行。很大程度上说，利润考核是企业目标考核的终极武器。

6.13.3 能力考核

能力考核是指对考察对象的现实能力和发展潜力进行评估，分析其是否符合任职要求，以及任职期间的素质和能力是否有所提高，判断出其是否称职或适合更重要的职位。

能力考核切忌只给抽象概念打分，否则容易出现偏颇。激励对象的能力要通过具体工作来表现，抽象的素质特征或能力水准很难和处理工作的技术、方法对上号。

那么，企业对激励对象进行能力考核就需要把考核内容具体化。其一，根据不同岗位的激励对象，将考核内容进行科学分类。其二，针对不同的分类，列出每项工作的具体问题。其三，考核激励对象解决这些问题所表现出来的能力。设计问题时，尽量设计成是非判断题，避免设计难以明确界定的问题。

例如，是否依据公司目标制定了可考核的长期和短期目标？长期和短期目标是否具体、可操作，具体工作是否完成？工作中遇到哪些问题，是否解决？是否定期检查目标完成情况？等等。

6.13.4　价值观考核

价值观考核是对激励对象的工作行为是否符合企业价值观理念体系的考察和评价，即把企业价值观作为考核的标准，考察评估激励对象工作行为是否符合企业价值观要求。通常来说，认同企业文化，信赖企业及团队，有职业使命感，愿意与企业紧密、长期合作，遵守相关制度的员工较容易在价值观考核中获得认可。

价值观考核非常重要，因为企业存在能力强但是对企业并不认同的员工，如果从业绩发展角度考量，这类员工可以雇用，给其在职分红或者超额利润激励都没有问题，但是不能委以重任或者使其成为注册股东，成为合作伙伴，否则会带来潜在的后患。

由此也可以看出，企业员工的价值观必须一致。但是，上述所描述出的价值观指标都是形而上的，那么在实践中，企业该如何落地呢？

比如，"精进"的价值观在实践中如何落地？这里我们可以将"精进"进一步定位：在作为企业中的一员，要不断学习、持续进步，成为业内的专家且不可替代。不论你的背景多好、身价多高，作为企业股东，必须学习股权激励的课程，并接受后来者稀释你的股份。

总之，价值观考核要关注员工的行为是否与其价值观相匹配，并且企业价值观必须转化为可以直观解释和考核的行为指标，这样才能真正落地。

最后，我们建议对"价值观一致"这一标准实行"一票否决制"。价值观一致只是基础，认同企业的文化才是前提，不具备这个前提，根本不能成为激励对象。

6.13.5　人才培养考核

人才培养考核是指考核企业培养了多少人才，对人才的教育和培训程度如何。人才培养对企业非常重要，因为不少企业出现人才不够用的情况。另外，相比于外部引进，内部培养的人才忠诚度会更高。某知名企业最原始的团队（共18人）后来都已经成为副总裁或董事级别的高管，中间来来往往的"空降兵"却没有一个能够真正落地的。

因此，在人才培养上，建议企业先内部培养人才，这样的人才不仅对企业的认同度更高，而且也更了解企业。以外部引进为辅，以备不时之需。在外部引进时，企业可以做降一级使用，等到对企业熟悉并完全融入后，再进行提拔。人才培养可以缩短时间，但不可以跨越过程。

人才培养考核可采用徒子徒孙计划。假设李总培养出一个接班人A，而且为这个接班人A配了两名总监、一名财务、一名客服，到广州开拓市场，最后在广州开了一家子公司，由总部控股。为了感谢李总的付出，公司让其在广州公司持有5%～8%的股份。然后，李总培养出B，并在深圳开设了一家子公司，李总同样持有深圳公司5%～8%的股份，如果培养出三个这样的总经理，那么他就可以晋升为大区总经理。

在这种机制下，李总就会非常愿意培养人才，并且愿意花时间和精力去"识别"有哪些人才可以成为子公司的总经理。

总之，要想人才培养考核做得到位，企业就要去思索如何去培养内部人才，如何让管理层发自内心地培养人才。

6.13.6　学习力考核

学习力常指一个人学习的动力、毅力和能力的综合体现。学习力非常重要，它可以显现出一个员工在成长上所呈现出"永不满足"的状态，主动学习、成长，不断吸取各种新鲜知识和信息，以饱满的精神面貌胜任自己的工作。学习力是成为股东的一个必要条件，要想让员工保持学习力，企业就要将学习力与年终奖金挂钩。

例如：对于核心高管，企业可以规定每年出去学习的费用额度，必须占其收入的3%。如果占到了3%，则系数为1，该拿多少钱就拿多少；如果占2%，系数就为0.9；如果只占1%，系数就是0.8……上述规定意在提醒员工，若是投资学习力，在未来将有着可观的收益；相反，现在不投资学习，三五年后你就很可能会被行业所淘汰。

6.14　定转变——股权动态

股权激励要实行"人在股在，人走股没，人随岗动，股随岗走"，股权激励与员工调岗、晋升、降级、价值贡献、时间贡献全面挂钩，实行动态转变。

6.14.1　调岗、职务晋升或降级持股比例动态

在职股权激励是根据员工所在岗位进行匹配的分红股份，随着员工岗位调整、职务晋升或降级，其股份须随之发生变化，即"股随岗走"。"股随岗走"通常有以下三种情况。

① 调岗，平调不变股份。

② 晋升，以晋升后岗位为准，增加分红股激励数量，需补缴股金的，按规定价格补缴。

③ 降级，以降级后岗位为准，减少分红股激励数量，多缴股金按原价退还。

6.14.2 贡献大小分红比例动态

员工贡献大小与分红比例挂钩，不仅可以有效提升员工的工作积极性和创造性，还能有效地提升企业的整体业绩。设定不同档次的业绩目标，如初级、中级、高级、资深、首席。这里，我们展现两种分红方法。

（1）目标分红系数法

目标分红系数法是指将以业绩目标或利润目标设定不同的档次，并设置与之相对应的分红系数。例如公司为片区经理设定高级业绩目标（或利润目标）为1 000万元，匹配岗位持股比例为8%，设定分红系数为1；同时向下和向上设定2档，当年完成目标900万元，则分红系数为0.8；完成目标800万元，则分红系数为0.6；完成800万元以下，分红系数为0；当年完成目标1 200万元，则分红系数为1.2；当年完成目标1 500万元以上，则分红系数为1.5。

（2）积分分红法

积分分红法是指以累计的积分为依据进行分红。我们以一家店铺的各层级员工为例，即导购、店长、片区经理、营销总监，分别展示各积分分红方法。

导购积分分红可以参照以下具体方法。

① 导购按个人业绩积分，月业绩每达到一个高级积5分，每达一个资深积10分，每达一个首席积20分。

② 积满50分可享受该店第二净利润的0.5%的分红资格，积分

余额未满50分实行年度清零。每个导购可累积积分，最高享受5%的分红股资格。

③ 每个门店积分业绩期股总比例不超过20%。

④ 第一年度的积分分红资格享受次年利润分红。

⑤ 导购在享受积分分红股红利时必须确保当年年度总业绩达中级及以上，未达到中级，该分红权自动丧失。

⑥ 导购离职，积分分红股权自动丧失。

店长积分分红可以参照以下具体方法。

① 店长按所管辖店铺年度总业绩积分。年度业绩达到高级积1分，达到资深积2分，达到首席积3分。

② 每积1分可享受该店铺次年净利润的0.5%的分红资格，积分最高满5%分红权为止。

③ 第一年度的积分分红资格享受次年利润分红。

④ 店长在享受积分分红股红利时必须确保当年年度总业绩达中级及以上，未达到中级，该分红权自动丧失。

⑤ 店长离职，积分分红股权自动丧失。

片区经理积分分红可以参照以下具体方法。

① 片区经理按所管辖区域年度总业绩积分。年度业绩达到高级积1分，达到资深积2分，达到首席积3分。

② 每积1分可享受该店铺次年净利润的0.5%的分红资格，积分最高满5%分红权为止。

③ 第一年度的积分分红资格享受次年利润分红。

④ 片区经理在享受积分分红股红利时必须确保当年年度总业绩达中级及以上，未达到中级，该分红权自动丧失。

⑤ 片区经理离职后，其积分分红股权自动丧失。

营销总监积分分红可以参照以下具体方法。

① 营销总监按公司所有店铺年度总业绩积分。年度业绩达到高级积1分，达到资深积2分，达到首席积3分。

② 每积1分可享受该店铺次年净利润的0.5%的分红资格，积分最高满5%分红权为止。

③ 第一年度的积分分红资格享受次年利润分红。

④ 营销总监在享受积分分红股红利时必须确保当年年度总业绩达中级及以上，未达到中级，该分红权自动丧失。

⑤ 营销总监离职，积分分红股权自动丧失。

6.14.3　贡献大小持股资格动态

贡献大小持股资格动态是指员工贡献大小与第二年的持股资格挂钩，这种方法与目标分红系数法类似。

例如，公司为片区经理设定高级业绩目标（或利润目标）为1 000万元，匹配岗位持股比例为8%，设定持股系数为1；同时向下和向上设定2档，当年完成目标900万元，则持股系数为0.8，第二年可持有匹配股份的80%，即持股比例为6.4%；当年完成目标800万元，则持股系数为0.6，第二年可持有匹配股份的60%，即持股比例调整为3.6%，完成800万元以下，第二年取消持股资格；当年完成目标1 200万元，则持股系数为1.2，第二年可持有匹配股份的120%，即持股比例为9.6%，当年完成目标1 500万元以上，则持股系数为1.5，第二年可持有匹配股份的150%，即持股比例为12%。

6.14.4　公司转变持股比例动态

公司转变，包括合并、分立、融资等，分红股份比率同比例稀释。比如，一人公司转变为普通有限责任公司，原本的一人持股100%就变为股东按出资额或提前商量好的比例持股，同时还要做好股东变更。

6.14.5　员工持股虚实转变动态

员工持股虚实转变动态即期股约定，公司在授予高层管理人员分红股权资格的同时，约定时间期限将分红股权转变为注册股份或授予股票。例如，某高管持有公司10%的虚拟股份，每年按规则享有分红权，同时约定干满三年后，所持股份的30%转为注册股，第四年后转30%，第五年后转40%，五年后其所持有的10%的虚拟股份转为10%的注册股份。

6.15　定协议——相关法律文书

对股权激励，企业还要定协议，即定相关法律文书。法律文书一方面可以给企业提供法律依据，另一方面也能给企业带来保障。具体来说，相关法律文书包括公司章程、股东合作协议、股份转让协议、一致行动人协议、绩效分红协议、超额分红协议、员工持股激励协议、增资扩股协议、竞业限制协议和保密协议。

6.15.1　公司章程

公司章程，是指公司依法制定的规章制度。它不仅规定公司名称、住所、经营范围、注册资本、法定代表人、股东姓名或名称，股东的出资方式和出资额等重大事项，也规定公司的机构及产生办法、职权、议事规则等，是公司的宪章。

公司章程与公司法一样，共同肩负调整公司活动的责任，具有法定性、真实性、自治性和公开性的基本特征。

① 法定性主要强调公司章程的法律地位，其主要内容及修改程序、效力都由法律强制规定。公司章程是公司设立的必备条件之一，公司注册登记时须提交公司登记机关进行登记。

② 真实性主要强调公司章程记载的内容必须是客观存在的、与实际相符的事实。

③ 自治性是指公司章程在法律允许的基础上公司自行制定的行为规范，其效力仅限于公司内部。

④ 公开性主要对股份有限公司而言。公司章程的内容要对投资人、债权人及利益相关者公开。

公司章程的作用主要有以下八点。

① 公司设立的最主要条件和最重要的文件。

② 我国公司法明确规定，设立公司必须依法制定公司章程。公司登记机关要对公司章程进行审查，以决定是否给予登记。

③ 公司章程是确定公司权利、义务关系的基本法律文件。

④ 公司法第三条规定："……公司的合法权益受法律保护，不受侵犯。"公司章程经公司登记机关核准即对外产生法律效力，受国家法律的保护。

⑤ 公司对外进行经营交往的基本法律依据。

⑥ 公司章程规定了公司的经营范围、注册资本、公司的机构，以及其产生办法、职权、议事规则等。这就为公司与合作方进行经济交往提供了条件和资信依据，其经济交往行为受法律保护。

⑦ 公司章程是公司的自治规范。

⑧ 公司法第五条规定："设立公司应当依法制定公司章程。公司章程对公司、股东、董事、监事、高级管理人员具有约束力。"公司章程是依据公司法制定的自制行为规范，在法律允许的范围规范公司内部行为，可以制定奖惩措施。

公司章程与公司法共同肩负调整公司活动的责任。公司章程的制定必须考虑周全，规定得明确详细，还要合法、合理。

6.15.2 股权投资或转让协议

股权投资或转让协议是确认投资者股东身份的主要依据，旨在保护投资方和被投资方的权益。总的来说，股权投资或转让协议的主要作用有以下三点。

（1）保障转让方利益

股权转让协议中约定，受让方已经对拟转让股权所属的目标公司的财务和经营状况详细了解，并自愿受让相关股权。

（2）保障股东的优先权

公司法第八十四条规定："有限责任公司的股东之间可以相互转让其全部或者部分股权。股东向股东以外的人转让股权的，应当将股权转让的数量、价格、支付方式和期限等事项书面通知其他股东，其他股东在同等条件下有优先购买权。股东自接到书面通知之日起三十日内未答复的，视为放弃优先购买权。两个以上股东行使优先购买权的，协商确定各自的购买比例；协商不成的，按照转让时各自的出资比例行使优先购买权。公司章程对股权转让另有规定的，从其规定。"

（3）股权协议作为投资及转让价格依据

股权转让除了转让现金价值以外，还有相应的特定义务。股权协议可在保障现金价值的同时，明确转让方和受让方的责任和义务，避免发生争议。

第 7 章

股权分红激励落地实操

股权分红权作为股权财产权的重要组成部分，是指公司将部分分配利润的权利奖励给公司董事、高级管理人员、核心技术人员和业务骨干人员等激励对象的激励方式，包括在职股权激励、绩效分红激励和超额分红激励等。

7.1 股权分红激励之绩效分红法

绩指业绩，效指结果。绩效分红大致有以下两种方式。

（1）按业绩比例分红

达到约定的业绩目标，则按业绩的一定比例进行分红。按业绩比例分红有两个明显的好处。

① 能够一目了然地看到员工完成了多少业绩，也能激发员工为获得更高的业绩分红而去努力；

② 这种分红方式可以让公司不对员工公布公司的利润，从而控制公司成本。

这一分红方式也有坏处，有可能会使得员工唯业绩论，常为了完成业绩而不顾公司利润或公司长期发展。

（2）按年终利润分红

以业绩目标为基础，按年终利润的一定比例进行分红。按年终利润分红方式有两个好处。

① 员工会与领导层站在同样的角度思考公司发展，形成利益共同体甚至命运共同体；

② 员工在追求业绩的同时也会考虑控制费用和成本，进而能够从整体上降低公司的运营成本。

这一方式也有坏处，一来利润核算需要清晰准确，会花费一定的时间和人力；二来领导层也要对所有人公布公司的利润情况，这也是不少领导层都不愿接受的。

为制定合理的绩效分红激励政策，本节介绍一个绩效分红激励九定法，即定目的、定目标、定对象、定额度、定条件、定比例、定时间、定规则和定退出。

7.1.1　定目的

定目的就是确定公司开展绩效分红的目的。通常，公司开展绩效分红主要出于以下三个目的。

① 通过对公司全体员工进行绩效分红激励，不仅有助于公司实现业绩目标，还能让相信公司的员工共享公司发展带来的收益，提高收入，进而更努力地创造业绩。

② 增强全体员工对目标的关注度和达成目标的决心，促使全公司上下共同完成公司的发展目标。

③增强团队协作能力，实现目标。

7.1.2　定目标

绩效分红目标的制订需要综合考虑以下三个因素。

① 历史数据。公司根据历史数据可大致推算出当年或下一年度的业绩及利润可能性。

② 行业数据。根据行业发展规律或目标企业发展数据制订年度绩效目标。

③ 预算数据。通过全面预算管理系统（包括投资预算、业绩预算、成本预算、费用预算、薪酬预算等）推演出当年或下一年度业绩和利润可能性，再根据推演数据确定目标。

7.1.3　定对象

定对象即确定公司开展绩效分红的对象。在定对象上，公司需要确定以下四点。

（1）确定激励对象的基础条件

基础条件包括认同公司的使命、愿景、价值观和发展战略，承诺自愿遵守激励方案及配套协议文件规定的所有条款。

（2）确定激励对象的法律依据

激励对象是根据公司法等有关法律、法规和公司章程的相关规定，结合公司实际情况而确定。

（3）确定激励对象的公司依据

激励对象为公司核心员工或全体员工。被激励人员须与公司签署劳动合同或劳务协议或服务合同。

（4）激励对象确定的程序

激励对象的确定，通常由总经理拟定，股东会核实批准。

7.1.4　定额度

定额度即确定公司开展绩效分红的额度。在定额度上，总体要义是公司要以业绩目标或利润目标为基础，并确定一定比例作为激励资金。

7.1.5　定条件

定条件即确定公司开展绩效分红的条件。不同的公司有不同的条件限制，公司可根据自身的实际情况设定条件即可。

通常来说，公司在开展绩效分红时要重点确定以下四个方面的条件。

①年度业绩或利润在××万元及以上。

②在签订该合同时，必须是本次激励方案确定的被激励岗位。

③岗位变动，权随岗走。

④绩效分红资格可以通过支付费用获得，或者选择免费获得。

7.1.6　定比例

定比例即确定公司开展绩效分红的比例，通常按岗位价值确定激励比例。一般来说，岗位价值越高或者业绩越高，所获得的激励比例也会越高。

7.1.7　定时间

定时间即确定公司开展绩效分红的时间。在定时间环节，公司要抓住以下四点。

①业绩或利润计算年度周期，一般为自然年度、公司财年或约定周期。

②约定时间对晋升员工及新晋优秀员工进行确定和调整。

③本期绩效分红结算及发放时间，一般为春节前或春节后，也可以根据公司情况不同约定分红时间。

④绩效分红协议有效期为1年或2年，期满后，若员工花钱购买的公司需退还本金。

7.1.8　定规则

定规则即确定公司绩效分红的规则。在定规则上，公司可以借鉴以下四点。

①公司业绩、回款或利润额必须超过约定目标，如1 000万元，所有分红对象才有资格参与绩效分红。

②在规定享有绩效分红时间内岗位发生变化，按变化后的岗位计算分红，人在分红在，人走分红无。

③绩效分红需要花钱或不花钱获得分红资格，期满后发放分红，花钱购买的返还投资款。

④根据岗位贡献，决定分红额度增减，岗位贡献规则需另行制定。

7.1.9　定退出

定退出即确定公司绩效分红的退出方式。在定退出上，公司可以参考以下三点。

①协议期内，主动退出（如离职）：（5折退还入股金）无分红。

②协议期内，被动退出（如辞退等）：（原价退还入股金）无分红。

③协议期内，违反公司高压线及竞业禁止条款，（不退还入股金）无分红。

7.2　股权分红激励之超额分红法

超额分红激励模式使用较为广泛，不受公司是否上市等条件的限制，在所有公司都可以实施。通常，超额分红股权激励的优点有以下三个。

① 不影响公司总资本和股本结构。

② 驱动员工更加关注利润，进而做出更加节约成本的行为。

③ 促使员工与公司紧密联结，更愿意为提升公司的业绩水平而努力。

当然，超额分红法也存在一定的缺点。激励对象可能因考虑分红，会过分地关注公司的短期利益减少。分红增加公司的现金支付压力。

在进行超额分红时，要抓住以下三个要点。

① 分配未来的增量。对利润增量的部分进行分配，对约定应该达到利润部分不做分配。

② 科学设置比例和分红额。目标实现后，员工收益增加，领导层获得的利润绝对值也要增加，实现双赢。

③ 目标设置有递进性。可设置分阶段的超额分红法，避免起始目标定得过高，导致员工失去积极性。

公司要想做好超额分红股权激励设计，须采用超额分红"八定法"，包括定目的、定目标、定对象、定梯度、定比例、定时间、定规则和定退出。

7.2.1　定目的

除了与绩效分红有相同的目的，超额分红还能进一步激励员工为超出目标后获得更大的利益分配而努力拼搏。

7.2.2　定目标

超额分红目标的制订需要综合考虑以下三个因素。

① 历史数据。公司根据历史数据可大致推算出当年或下一年度的利润可能性。

② 预算数据。通过全面预算管理系统推演出当年或下一年度利润可能性，再根据推演数据确定目标。

③ 根据领导层心理预期确定目标。通常，领导层在预估本年或下一年度利润时，会有一个大致的心理预期，这个心理预期是很重要的超额利润目标线。

公司在实施超额分红权计划时，需要对公司的内外部环境进行深入分析，同时要合理预估利润目标，并与激励对象就此达成共识。

7.2.3 定对象

在确定超额分红股权激励对象时，与绩效分红对象没有多大的区别。公司同样要根据公司的部门及岗位确定分红对象。例如，某餐饮公司的中餐部参与分红的岗位有厨师长、经理和主管等。

7.2.4 定梯度

超额梯度是指超过基础目标后，每超过一定金额，分红比例就不同，进而让员工更有动力。

例如，某公司的基础利润目标为100万元，超额梯度是20万元，当公司利润目标完成140万元，员工则拥有了两个分红梯度，第一个20万元分红比例为20%，第二个20万元分红比例为30%。

7.2.5 定比例

超额分红方案涉及分红比例和岗位占比两个方面。公司要根据分红岗位和人数确定分红占比。

例如，某餐饮公司中餐部参与分红的岗位和人数分别有1名厨师长、1名经理和2名主管，分别占比40%、30%和30%（每人15%），见表7-1。

表7-1　餐饮部超额分红方案

单位：万元

部门名称	利润目标		业绩级别	超额分红部分	超额部分总分红比例	分红金额			
	超额基础目标	超额梯度				厨师长（40%）	前厅经理（30%）	主管（30%）	分红总金额（100%）
餐饮部	100	20	首席	60	40%	7.2	5.4	5.4	18
			资深	40	30%	4	3	3	10
			高级	20	20%	1.6	1.2	1.2	4

以厨师长为例，其计算公式有以下三种情况。

①当完成120万元时业绩级别为"高级"，厨师长分红金额为：第一个20万元公司共拿出20%的利润来进行分红，共4万元，厨师长占40%，分红金额为1.6万元（20×20%×40%）。

②当完成140万元时业绩级别为"资深"，厨师长分红金额为：第一个20万元公司共拿出20%的利润来进行分红，共4万元，厨师长占40%，分红金额为1.6万元；第二个20万元公司共拿出30%的利润来进行分红，共6万元，厨师长占40%，分红金额为2.4万元（20×30%×40%）。

③当完成160万元业绩级别时为"首席"，同理，厨师长分红金额为7.2万元（20×20%×40%+20×30%×40%+20×40%×40%）。

其他岗位以此类推。

7.2.6　定时间

定时间即确定公司开展超额分红的时间。超额分红时间可以与绩效分红时间同时发放，也可以确定其他时间发放，以增加激励的频度。

7.2.7　定规则

定规则即确定公司超额分红的规则。超额分红是针对公司能够对业绩和利润有直接影响的岗位的员工，因此超额分红的规则需要更加合理和规范。

7.2.8　定退出

定退出即确定公司超额分红的退出方式。可参照绩效分红退出规则。

附录 A

薪酬设计与股权激励案例

×××有限公司绩效分红激励方案

特别说明：

1.公司：×××有限公司。

2.本激励方案根据《中华人民共和国公司法》及其他有关法律、行政法规，以及×××有限公司公司章程制定。

3.本激励方案的激励模式是全员绩效分红激励。

4.公司出现下列情形之一时，本方案即行终止：

（1）公司控制权发生变更；

（2）公司出现合并、分立等情形；

（3）公司股东会决定终止本方案的；

（4）法律、法规等规定的其他情形。

5.本激励方案的激励对象为：×××有限公司全体员工。

6.激励周期为：2024年1月1日至2024年12月31日。

7.（2024年1月1日至2024年12月31日）经营目标（表A-1）：

表A-1　2024年经营目标

目标级别	基　　础	初　　级	中　　级	高　　级
营业额	9 000万元	1亿元	1.1亿元	1.2亿元

一、释义

在本方案中，除非另有说明，以下简称在本文中作如下释义（表A-2）：

表A-2 ×××有限公司绩效分红激励方案的名词释义

名　　词	释　　义
公　　司	×××有限公司
股东会	×××有限公司股东会
总经理	×××有限公司总经理
绩效分红	指目前非上市公司普遍采用的一种激励方式，针对在岗职位而设立，不做工商登记，激励对象通过购买绩效分红股而获得对应岗位的绩效分红资格；在激励周期内完成股东会设定的相关指标后，绩效分红股可享有依据激励机制条件相对应的绩效分红权，但没有所有权、增值权、表决权等其他权益，不能转让、出售、抵押
激励对象	按照本方案规定获得激励的岗位，具体标准和对象名单参见正文
退出机制	发生所列示的行为，退出股权激励机制或丧失相应的激励资格
公司法	《中华人民共和国公司法》
公司章程	×××有限公司公司章程

二、全员绩效分红激励方案的目的

为确保公司发展战略和经营目标的实现，充分调动公司全体员工的积极性和创造性，实现员工与公司共同发展，根据公司法及公司章程的规定，制定本方案。

本公司希望通过木激励方案达成如下目标：

1.通过对公司全员进行绩效分红激励，公司实现业绩目标，让公司的员工共享公司发展带来的收益，从而提高收入。

2.增强大家对目标的关注度和达成目标的决心，上下同欲完成公司发展目标。

3.增强团队协作能力达成指标。

三、全员绩效分红的基本原则

根据公司法等有关法律、法规及公司章程的规定，本次全员绩效分红激励方案制定及实施过程中，应遵循以下基本原则：

（一）维护公司利益原则

全员绩效分红激励计划应符合法律、法规和公司章程的规定，不得损害公司利益。激励对象应当诚实守信，勤勉尽责，维护公司利益。

（二）公平、公开、公正

全员绩效分红激励计划应当真实、准确、完整、及时地向激励对象公开相关信息，确保公平、公正。

（三）自愿参与原则

股权激励计划应当遵循公司自主决定，员工自愿参加的原则，不得强制、摊派。

（四）激励与约束相结合原则

按照责权相统一的要求，建立激励对象经营业绩与激励约束相结合的考核制度，使激励对象的经营目标责任、贡献度和激励约束有机结合。

四、全员绩效分红激励方案的管理机构

（一）公司股东会

公司股东会作为公司的最高权利机构，负责全员绩效分红激励计划实施、变更和终止的审批。

（二）公司总经理

公司总经理是股权激励计划的执行管理机构，负责拟定和修订股权激励计划，并上报公司股东会审核，在股东会授权范围内办理全员绩效分红激励计划的相关事宜。

五、全员绩效分红激励的激励对象

（一）确定激励对象的基础条件

必须认同公司的使命、愿景、价值观和发展战略，承诺自愿遵守本计划及配套协议文件规定的所有条款。

（二）确定激励对象的法律依据

激励对象是根据公司法等有关法律、法规及公司章程的相关规定，结合公司实际情况而确定。

（三）确定激励对象的依据

本激励计划的激励对象为：×××有限公司全体员工。

（四）激励对象确定的程序

激励对象由总经理拟定，股东会核实批准。

六、全员绩效分红的激励期限

本激励方案自公司股东会审议通过后实施，2024年度全员绩效分红激励对象考核期为2024年1月1日至2024年12月31日，以后各年的全员绩效分红激励方案参考本方案以当年度股东公布激励目标为准，若公司全员绩效分红激励方案的执行条件、激励对象、激励额度等发生变化，以当年出具的全员绩效分红激励方案文件为准。

七、本年度全员绩效分红方案的激励模式

（一）全员绩效分红实施条件

激励周期内公司营业额达到或超过9 000万元。

（二）激励额度

若激励周期内的营业额大于等于7 000万元，小于9 000万元，所有人无分红，原价退还绩效分红股金；若激励周期内的营业额小于7 000万元，所有人无分红，九折退还绩效分红股金。

（三）各激励对象购买绩效分红股额度

根据本激励方案生效日的公司的具体情况，各激励对象所在岗

位的岗位价值确定给激励对象购买绩效分红股数如下（表A-3）：

表A-3 各岗位绩效分红股数说明

部 门	岗 位	编 制	单岗购买额（股）	每股投资额	单岗位投资额（元）	岗位投资合计（元）
总经办	总经理	1	50		50 000	50 000
运营部	运营副总	1	40		40 000	40 000
	运营主管	1	20		20 000	20 000
营销部	营销副总	2	40	1 000 元/股	40 000	80 000
	营销总监	2	30		30 000	60 000
	区域经理	5	20		20 000	100 000
合计	—		—			

说明：

（1）入职未满半年的员工，其购买股数为所在岗位的一半。

（2）根据岗位价值评估结果确定各激励岗位可购买的绩效分红股数量，由公司总经办协商确定，最终由股东会审批确认。

（3）2024年6月30日，针对晋升和新晋优秀员工进行一次释放和调整，晋升后按级别购买对应股数，新员工为5股/人。

（4）以上各岗位分配激励额度可随着公司发展状况由公司总经理进行优化调整，最终由公司股东会审批。

（5）绩效分红资格需要花钱购买，根据岗位级别购买对应股数。

（6）岗位对应的绩效分红股数为该岗位价值的计划激励股数，激励对象当年最终拿到的激励额度是以其年度实际考评结果为准。

八、全员绩效分红的考核机制

（一）绩效表现——岗位贡献考核

各激励对象都有各自岗位的贡献度考评指标，用于评估该激励对象的岗位贡献度，根据各激励对象的贡献度排名或者个人贡献度考核进行分红。

（二）激励对象分红计算方式

1.总分红额提取方式如下（表A-4）：

表A-4 总分红额提取方式

参与人数	分红总额提取
50人及以上	100%
50人以下	按实际人数÷50所得比例提取

举例：

（1）如果有50人以上参与，公司年度业绩达到9 000万元，应分红总额为140万元，实际分红额为：140×100%=140（万元）；

（2）如果有45人参与，公司年度业绩达到9 000万元，应分红总额为140万元，实际分红额为：140×90%=126（万元）。

2.激励对象激励分红计算方式（表A-5）：激励总分红额的50%按照投资比例进行分配，剩余的50%按照岗位实际贡献进行分配。

表A-5 激励对象激励分红计算方式

假设参与全员绩效分红人数超过50人					
分配方式	比 例	基础目标（元）	初级目标（元）	中级目标（元）	高级目标（元）
投资分配	50%	900 000	1 062 500	1 500 000	2 100 000
贡献度分配	50%	900 000	1 062 500	1 500 000	2 100 000

说明：

（1）投资分配与贡献度分配各占50%。

（2）公司将于6月30日前进行所有缴纳资金汇总，核算并公布最终各岗位总资金池，及各岗位排名后对应的分配额。

（三）剩余分红处理方式

若激励对象因个人贡献考评原因未达标，未能全部享有该岗位应得的全部分红，剩余分红由公司设立×××阳光基金，用于内部互助基金、优秀团队集团活动、学习经费等，由部门负责人提出申请，总经理审批通过后使用。

九、全员绩效分红支付时间

激励对象年度绩效分红在2025年3月31日发放及返还对应本金。

1.实际发放绩效分红时，激励对象必须在职。

2.因个人原因而主动离职的，绩效分红股金按50%退还，无分红。

十、全员绩效分红退出机制

1.因不能胜任工作岗位（职位）、发生严重医疗事故、违背职业道德、失职渎职、违反公司管理制度等行为而导致的辞退，原价退还绩效分红股金，无分红。

2.因个人原因而主动离职的，绩效分红股金按50%退还，无分红。

3.违反公司高压线及竞业禁止条款，不退还绩效分红股金，无分红。

×××有限公司子公司股权激励方案

特别说明：

1.公司：×××有限公司。

2.本激励方案根据《中华人民共和国公司法》等法律法规的规定，及×××有限公司公司章程制定。

3.本激励方案的激励模式为在职股权分红激励。

4.公司出现下列情形之一时，本方案即行终止：

（1）公司控制权发生变更；

（2）公司出现合并、分立等情形；

（3）公司股东会决定终止本方案的；

（4）法律、法规等规定的其他情形。

5.本激励方案的激励对象为：×××有限公司副总以上职位员工。

6.本激励方案的激励周期为：5年。

7.激励周期为：2024年1月1日至2028年12月31日。

一、释义

在本方案中，除非另有说明，以下简称在本文中作如下释义（表A-6）：

表A-6　×××有限公司子公司股权激励方案的名词释义

名　词	释　义
公司	×××有限公司
股东会	×××有限公司股东会
总经理	×××有限公司总经理
子公司	×××有限公司与发起人一起注册成立的公司
净利润	子公司支付完所有费用和发放完其他所有奖金后剩余的利润
自然人股东	子公司所注册自然人股东
退出机制	发生所列示的行为，退出股权激励机制或丧失相应的激励资格
公司法	《中华人民共和国公司法》
公司章程	×××有限公司公司章程

二、股权激励方案的目的

为进一步完善公司的法人治理结构，确保公司发展战略和经营目标的实现，充分调动公司全体员工的积极性和创造性，有效地将股东利益、公司利益和员工利益结合在一起，实现员工与公司共同发展，根据公司法及公司章程的规定，制定本方案。

本公司希望通过本激励方案达成如下目标：

（1）实现公司市场化，让骨干力量真正认为是在为自己干。

（2）实现公司使命，为员工创造福利。

（3）以丰厚的收入和优越的激励机制，为公司引入优秀人才。

（4）让杰出员工富起来，让核心骨干成为公司的主人。

（5）做大公司规模，奠定公司在××行业领先地位。

（6）从薪酬激励向股权激励升级，实现投资者和经营者共赢。

三、在职股权激励的基本原则

根据公司法等有关法律、法规及公司章程的规定，本次股权激励计划制订及实施过程中，应遵循以下基本原则：

（一）维护公司利益原则

全员绩效分红激励计划应符合法律、法规和公司章程的规定，不得损害公司利益。激励对象应当诚实守信，勤勉尽责，维护公司利益。

（二）公平、公开、公正

全员绩效分红激励计划应当真实、准确、完整、及时地向激励对象公开相关信息，确保公平、公正。

（三）自愿参与原则

股权激励计划应当遵循公司自主决定，员工自愿参加的原则，不得强制、摊派。

（四）激励与约束相结合原则

按照责权相统一的要求，建立激励对象经营业绩与激励约束相结合的考核制度，使激励对象的经营目标责任、贡献度和激励约束有机结合。

四、本股权激励方案的管理机构

（一）公司股东会

公司股东会作为公司的最高权利机构，负责本股权激励计划的实施、变更和终止的审核。

（二）公司总经理

公司总经理是股权激励计划的执行管理机构，负责拟定和修订股权激励计划，并上报公司股东会审核，在股东会授权范围内办理全员绩效分红激励计划的相关事宜。

五、股权激励的激励对象

（一）激励对象的确定依据

1.确定激励对象的基础条件

必须认同公司的使命、愿景、价值观和发展战略，承诺自愿遵守本计划及配套协议文件规定的所有条款。

2.确定激励对象的法律依据

激励对象是根据公司法等有关法律、法规及公司章程的相关规定，结合公司实际情况而确定。

3.确定激励对象的依据

本激励计划的激励对象为：公司核心骨干。

4.激励对象确定的程序

本激励计划激励对象的确定，由总经理拟定，股东会核实批准。

（二）满足条件的激励对象

本股权激励计划中，满足上述激励对象确定条件的对象如下（表A-7）：

表A-7　满足条件的激励对象说明

序　号	岗　位	姓　名
1	技术总监	张三
2	项目经理	李四

六、股权激励的激励期限

本激励方案自公司股东会审议通过后实施，有效期5年，后期股东会有权利根据公司发展调整激励方案。

七、本年度股权激励方案的激励模式为子公司裂变式股权激励

1. 子公司投资及股权比例（表A-8）

表A-8　子公司投资及股权比例说明

子公司总投资	30万元	
投 资 方	子公司自然人股东	总公司
投资比例	30%	70%
投 资 额	9万元	21万元

备注：子公司自然人股东为符合总公司认同条件的人，人数为1人或多人，总持股比例不超过30%。

2. 分红分配方式（表A-9）

表A-9　分红分配方式说明

年　　度	利润区间	子公司自然人股东	总　公　司
成立第一年	利润＜10万元部分	100%	0
	利润≥10万元部分	50%	50%
第二年及以后	利润＞0万元	50%	50%
		根据利润贡献，以双方约定获得总公司分红	按约定释放总部利润
	亏损	按投资比例承担亏损	

备注：
（1）一年后，每新进一家子公司，总公司在总利润中提取相关比例进入总分红池，各子公司按利润占比核算贡献给予分红。
（2）以回款结算分红。

3. 激励对象股金支付方式

（1）签订股权投资协议后，5个工作日内将注册资本90 000元

缴纳到公司指定账户。

（2）逾期未足额缴纳，则视为放弃本次股权激励资格。

（3）未足额缴纳，按实际缴纳金额对应的比例进行分红。

4.亏损承担方式

按注册股份比例同比例承担亏损。

5.其他约束条款

（1）子公司管辖区域在两个省以内。

（2）同一股东不能在超过两家公司中持股。

（3）总公司副总以上级别不能在子公司持股。

（4）子公司的相关管理制度、分配制度由总公司统一规定。

（5）子公司需要调整相关制度的，须报总公司审批通过后方可执行。

6.激励对象的权利

（1）依照其所持有的子公司股份份额和公司的激励政策获得股利和其他形式利益分配。

（2）按照实缴出资比例享有公司新增资本和其他股东转让的优先认购权，全体股东另有约定的除外。

（3）股东有权查阅、复制子公司章程、子公司股东会会议记录、子公司股东会会议决议和子公司财务会计报告。

（4）参与制定子公司管理制度。

（5）参加制定子公司章程。

（6）对子公司的经营行为，有监督、建议、质询等权力。

（7）依照法律、法规及合同约定转让所持有的股份。

（8）依照法律、公司合同的规定获得有关信息。

（9）公司终止或者清算时，按其所持有的股份份额分配公司剩余财产。

（10）法律、法规及合同约定所赋予的其他权利。

7.激励对象的考核

（1）按约定进行考核。

（2）根据公司发展需要，股东会可另行约定考核标准。

八、股权激励分红支付方式

1.激励对象年度子公司股权分红按7：3原则分两次递延支付，即春节前发放分红金额的70%，次年公司年会上发放剩余30%分红金额。

2.实际发放绩效分红时，激励对象必须在职。

3.发放分红时，公司依法代扣代缴相应的个人所得税。

九、股权激励退出机制

1.股东之间可以相互转让其全部股权（注：若公司仅有两个股东，则不允许双方同时全部转让各自的股权）或者部分股权。

2.股东向股东以外的人转让股权，应当经其他股东过半数同意。股东应就其股权转让事项书面通知其他股东征求同意，其他股东自接到书面通知之日起满三十日未答复的，视为同意转让。其他股东半数以上不同意转让的，不同意的股东应当购买该转让的股权；不购买的，视为同意转让。

3.经股东同意转让的股权，在同等条件下，其他股东有优先购买权。两个以上股东主张行使优先购买权的，协商确定各自的购买比例；协商不成的，按照转让时各自的出资比例行使优先购买权。

4.公司股东之一不得购买其他股东全部股权，而形成一人公司。

5.股东依法转让其股权后，公司注销原股东的出资证明书，向新股东签发出资证明书，并相应修改公司章程和股东名册中有关股东及其出资额的记载。

6.为维护公司长期发展之需要，若公司储备资金不足，需要增资的，各股东按出资比例增加出资，若全体股东同意也可根据具体情况协商确定其他的增资办法。新增方入股的，应承认本协议内容并分享和承担本协议下股东的权利和义务，同时入股事宜须经公司股东会三分之二以上表决权同意。所有注册股东必须接受新进股东及新晋人才成为注册股东后的股份同比例稀释。

7.受让人必须遵守法律、法规及本公司章程的规定。

附则：

1.本激励方案由公司股东会审议决定，并由公司总经理负责解释及实施。

2.各拟定的激励对象有权自主选择是否接受本激励方案。

激励对象确认接受本激励方案，则与公司签署：声明书、股权激励协议书、保密协议、竞业禁止协议。

相关法律文书模板

股权投资协议书

甲方：

统一社会信用代码：

注册地址：

联系地址：

联系电话：

乙方：

身份证号：

联系地址：

联系电话：

第一条 总 则

1.1 甲、乙拟成立×××公司（暂定名，最终以市场监督管理局的审定名称为准，以下简称"公司"），双方承诺，双方均为可以独立进行活动的完全民事行为能力人或依法设立并合法存续的独立民事主体，双方均具备所有必要的民事权利能力及民事行为能力，能以自身能力履行本合同的全部义务并承担民事责任。现双方经自愿、平等和充分协商，为就本协议项下项目的有关事宜，依据我国公司法、民法典等有关法律规定，达成如下协议，以资各方信守执行。

第二条 基本情况

2.1 拟成立公司的基本情况：

拟定成立公司名称：×××公司

法定代表人：

营业地址：

注册资本：××万元人民币

企业类型：有限责任公司

经营范围：

第三条　股东出资

3.1　在准备投资成立的×××公司中，甲方以＿＿＿方式出资，出资金额为＿＿＿，所占出资比例为＿＿%，所占的公司的股权比例为＿＿%。

3.2　乙方以现金方式出资人民币＿＿＿元（大写＿＿＿万元），占出资比例的＿＿%，享有×××公司的股权比例为＿＿%。

3.3　乙方应在本合同签订后5个工作日内将出资款支付至以下账号：

账户名：

账号：

开户行：

如乙方未按时足额缴纳出资款，则其股权按照实际缴纳部分享受相应权益；如乙方未按时出资，则本协议自动解除，且乙方需按照出资金额的1.5倍向甲方支付违约金。

3.4　追加投资约定：

第四条　股东的权利

4.1　乙方所持有的公司股份在进行转让、抵押等处置行为时，需经股东会三分之二以上表决权同意方可进行（未经股东表决同意，乙方的任何股权转让、抵押等行为均视为无效，所产生的相关纠纷责任由乙方承担），在同等转让条件下其他股东有优先购买权。

4.2　乙方按照所持有的公司的股权比例享有对应的分红权、表决权。

4.3　因各种原因导致申请设立公司已不能体现股东原本意愿时，经全体股东一致同意，可停止申请设立公司，所耗费用由协议各股东按照股份比例分担。

4.4　在公司设立过程中造成他人损害的，由设立后的公司承担相关损害赔偿责任，如遇公司未能成立，该损害赔偿责任由协议各股东按照股份比例分担。

4.5　股东有选举和被选举董事、监事权。

4.6　甲、乙双方约定投资的×××公司中由____担任公司法定代表人，由____担任公司监事，由甲方委派代表担任公司总经理，负责公司的经营管理。

4.7　股东每年有权集中查阅财务原始凭证一次，有查阅原始凭证需求的股东须提前10天书面向股东会提出财务原始凭证查阅申请，经股东会审批同意后，统一安排时间供股东查阅。

4.8　股东会中由股东按照本协议约定的股权比例行使表决权，在进行以下事项的表决时，必须经代表三分之二以上表决权的股东同意才能通过：

（1）修改公司章程；

（2）增加或减少注册资本；

（3）公司分立或者合并；

（4）公司解散；

（5）变更公司形式；

（6）公司对外进行投资；

（7）对外借款；

（8）对外提供担保；

（9）股东对外转让股权。

第五条　股东的义务

5.1　承认并遵守公司章程。

5.2　按时足额缴纳出资。

5.3　保守公司内部经营方式及营运机密。

5.4　因股权投资所产生的所有税费，由相应受益方自行承担。

5.5　股东及股东家属不得以股东身份参与和干涉公司日常行政管理工作，股东及家属若在公司任职，则按照任职职位和岗位职责行使管理权。股东对公司行政管理有任何异议，应在股东会议上提出，由公司制定相应措施。若因乙方及家属干涉公司管理对公司造成损失的，公司有向乙方追偿损失的权利。

5.6　公司增资扩股，所有股东须同比例稀释股权。

5.7　公司成立后如进行在职员工股权激励，股权（仅限分红权，无表决权、所有权、转让权等其他股东权益）激励比例不超过20%，由公司股东进行同比例稀释。

第六条　退出机制

关于股东退出，处理办法如下所示。

6.1　锁定期内退出：

（1）协议签订后三年内为股权锁定期，锁定期内乙方不得退股，若因特殊原因需要退股，须提前1个月向股东会提出书面申请，申请批准后，由甲方出资收购乙方股份：本合同签订不满1年，甲方按乙方投资金额减去已分红金额后的70%的金额收购乙方股份，甲方收购乙方股份当年乙方不再享受当年其余分红；本合同签订后满1年不满2年，甲方按乙方投资金额减去已分红金额后的80%的金额收购乙方股份，甲方收购乙方股份当年乙方不再享受当年分红；本合同签订后满2年不满3年，甲方按乙方投资金额减去已分红金额后的90%的金额收购乙方股份，甲方收购乙方股份当年乙方不再享受当年分红。甲乙双方签订股权转让合同之日起 3 个月内，甲方以现金/转账方式向乙方支付收购乙方股权的全部款项。

（2）锁定期内，非乙方过错导致乙方与公司解除劳动关系的，乙方选择不退股，则甲方有权 1 元强制收购乙方所持有公司股份的 50%。

（3）锁定期结束后，非乙方过错导致乙方与公司解除劳动关系的，乙方可选择不退股，保留所持有的公司股份。

6.2　除名退出：

如乙方发生如下情形之一的，则甲方有权强制收购乙方的全部股权（收购价格 1 元），公司不再发放当年分红给乙方，如给公司或公司其他股东造成损失的，公司或公司其他股东有权向乙方另行追偿：

（1）未经公司股东会批准，擅自出售、质押、信托或以其他任何方式处分其持有的股份的；

（2）严重损害公司利益和名誉行为，造成直接损失超过 × 万元的；

（3）负有数额较大债务，到期未清偿且处于诉讼风险，或被列入失信人员名单，影响公司正常经营的；

（4）股东本人或者直系亲属在与×××公司经营同类业务且有竞争关系或其他利害关系的单位（××业务相关联的公司除外）担任股东、高级管理人员、实际控制人、职员的，在本合同签订前已在同类业务公司担任以上职务并被其他股东知晓的除外；

（5）乙方未经甲方或公司股东会许可，擅自将本协议的有关内容透露给本协议以外的第三方，造成直接或间接损失超过 10 万元的。

6.3　其他退出：

如乙方发生如下情形之一的，则甲方有权按照乙方实际出资金额强制收购乙方的全部股权，公司不再发放当年分红给乙方：

（1）乙方身故；

（2）被追究刑事责任的；

（3）乙方确定即将与配偶离婚，包含但不限于协议离婚、诉讼离婚。

甲方收购乙方股权的款项在收购事宜完成后的3个月内由甲方支付给乙方，乙方身故的，甲方支付股权收购款项给乙方的法定继承人。

第七条　其他事项

7.1　甲乙双方根据相关税务法律的有关规定承担与本协议相关的纳税义务。

7.2　本协议是公司投资行为，与法定劳动关系约束无关；若乙方与本公司有劳动关系，依照劳动法及相关法律与公司另行签订劳动合同。

7.3　因不可抗力因素导致协议无法履行，双方互不承担责任。

7.4　公司应当依照法律、法规建立公司的财务、会计制度。

7.5　每一会计年度终了，公司应制作财务报告和会计报告，并依法经审查验证。

7.6　公司在每一营业年度的头三个月，编制上一年度（本协议中"上一年度"是指上一年1月1日起至12月31日止）的资产负债表、损益计算表和利润分配方案，提交股东会审议通过。

7.7　财务报告和会计报告应当在召开股东大会的15日前准备好，供股东查阅。

7.8　公司分配当年税后利润时，应先弥补以前年度亏损，再按照相应比例（如10%）提取法定公积金，剩余利润为股东当年可分配利润，按照股东持有的股份比例分配。

7.9　公司法定公积金累计额达到公司注册资本的50%以上，可以不再提取。

7.10　公司应当聘用专业的会计人员依法提供真实、完整的会计资料，并依法缴税。

第八条　争议与法律纠纷的处理

8.1　甲乙双方因履行本协议或与本协议有关的所有纠纷应以友好协商方式解决，如双方无法通过协商解决，则任何一方均可向甲方所在地人民法院提起诉讼。

第九条　其他

9.1　本协议一式两份，双方各执一份，具有同等法律效力。本协议自甲乙双方签字盖章之日起生效。

9.2　本合同未尽事宜，甲乙双方可协商，并订立补充协议加以说明。

（以下无正文，仅作协议各方签章使用）

甲方（盖章）：

授权代表（签字）：

日期：　　年　　月　　日

乙方（签字）：

日期：　　年　　月　　日

股份转让协议书

甲　　方：A

身份证号码：

乙　　方：B

身份证号码：

丙　　方：C

身份证号码：

甲、乙、丙三方在平等自愿的基础上经充分协商，根据公司法、民法典等，甲方同意将公司4%股份（工商注册为1%）转让给乙方，乙方愿意受让，并就乙方持有×××有限公司（以下简称"公司"）股份，明确各方的权利与责任事宜，特订立以下协议条款共同执行。

一、甲方概述

公司于2022年____月____日在_____成立，注册资本为人民币200万元整，设定股数100股，出资为货币形式，其中：

法定代表人：

公司注册股份比例为：

1.A占公司股份的50%；

2.B占公司股份的50%。

实际股份持有比例为：

1.A占公司股份的47%；

2.B占公司股份的47%；

3.C占公司股份的6%。

以上三位股东经过协商，自愿由B转让公司注册股1股（实际股份为4股）给甲方持有。

转让后的股权比例为：

1.A占公司股份的51%（其中10%甲方拥有分红权，投票权归乙方所有，各项权利按下文有关规定执行）；

2.B 占公司股份的 43%；

3.C 占公司股份的 6%。

二、股份转让价格、转让款支付期限及方式

1.乙方将其所持公司 4 股股份（工商登记为转让 1%）转让给甲方，转让价格为每股 3 万元，共计 12 万元人民币。

2.本协议签订后，第一期支付 6 万元，第二期支付 6 万元汇入乙方指定账户，20____年____月____日前支付完毕。

3.因股权转让所产生的所有税费，由甲乙双方均摊。

4.在本次股份转让过程中发生的有关费用（如公证、工商变更登记等），由甲乙双方均摊。

5.公司接下来需要进行股权稀释，首先转让甲方所持有 10% 的公司股份（同时转让乙方对应的投票权），融资金额高于或等于 5 万元/股时，其中 2.5 万元/股归甲方所有，剩余资金归公司所有；甲方股份没有稀释前，甲方将所持 10% 的股份投票权无条件转归乙方所有，分红权及资产所有权等其他权利仍归甲方所有。

在不融资会影响公司存续的情况下，经超过三分之二股份投票权人同意，融资金额低于 5 万元/股时，按增资扩股的方式进行融资，所有股东按同比例稀释，所融资金归公司所有。

6.工商注册变更日期在 2024 年____月____日前完成，双方应予以配合。

三、协议效力

乙方保证拟转让给甲方的股份拥有完全处分权，保证该股份没有设定质押、被查封，并免遭第三方追索，否则乙方承担由此引起的一切经济和法律责任。

四、公司盈亏（含债权债务）的分担

1.本协议生效后，甲方按受让后的股份比例享受公司利润分配，

分担相应风险和亏损，乙方未转让部分股份享受公司利润分红权，同时承担相应风险和亏损。分配方式及时间由公司股权章程或股东会决定。

2. 签订本协议书时，如因乙方未如实告知甲方有关股份转让前所负债务，致使甲方在成为公司股东后遭受损失的，甲方有权向乙方追偿。

3. 甲方所有权益受公司法及公司股份章程保护和享有。

4. 甲方足额缴付受让股份金额后，公司应及时签发出资凭证。出资凭证由公司盖章。

5. 甲、乙双方根据岗位职责共同参与组织、经营、管理公司。

6. 甲方每年度有审核公司财务运营的权力，如对财务收支、损益有疑问，有权进行一次查证原始单据核对账目，并报告监查结果。

7. 如需公司股东追加投资额，经公司三分之二及以上投票权人同意后方可确定追加投资金额及投资占比。

8. 甲、乙双方按照协议第一条持有对应股份，在经得占公司三分之二及以上投票权人同意后，乙方可以进行股份交易和转让，否则视为无效。

9. 自合作开始起非盈利情况下，甲乙丙三方不能退股。如果任何一名股东需要退股，必须经得占公司三分之二及以上投票权人同意后，方可退股，其股份回购形式和价格由三方协商。

五、收益分配

在保证公司正常运作的情况下，每半年分红一次。扩大业务运营如需要提留利润时，该提留按各方所占股权比例计为各方的股本金投入或延期按比例分配。

六、违约责任

1. 本协议书生效后，甲乙丙三方必须自觉履行，任何一方未按本协议书的规定全面履行义务，承担法律及本协议书的相应责任。

2.如甲方不能按期支付本协议书约定的股份转让款，每逾期一天，应向乙方支付逾期部分款项的万分之一作为违约金。如因甲方违约给乙方造成的实际损失超过甲方支付的违约金金额，甲方必须另行予以补偿。

3.如因乙方的原因，致使甲方不能按照本协议书约定日期办理变更登记，每逾期一日，乙方应按照甲方已支付的转让款的万分之一支付违约金。如因乙方违约给甲方造成的实际损失超过乙方支付的违约金金额，乙方必须另行予以补偿。

七、协议书的变更或解除

甲乙丙三方经协商一致，可以变更或解除本协议，应另行签订变更或解除协议书。

八、争议解决方式

甲乙双方因履行本协议或与本协议有关的所有纠纷应以友好协商方式解决，如双方无法通过协商解决，则任何一方均可向公司所在地人民法院提起诉讼。

九、生效条件

本协议经甲乙丙三方签字后生效。

十、其他

本协议一式四份，甲乙丙各执一份，公司留存一份，具有同等法律效力。

甲方：　　　　　　乙方：　　　　　　丙方：

联系电话：　　　　联系电话：　　　　联系电话：

（签名）　　　　　（签名）　　　　　（签名）

签约时间：　　　　年　　月　　日

增资扩股协议书

甲方：公司1

地址：

法定代表人：

乙方：公司2

地址：

法定代表人：

丙方：公司3

地址：

法定代表人：

鉴于：

1. 甲方和乙方为A有限公司（以下简称"公司"）的股东，其中甲方持有公司70%的股份，乙方持有公司30%的股份。

2. 丙方是一家×××的公司。

3. 丙方有意对公司进行投资，参股公司。甲、乙两方愿意对公司进行增资扩股，接受丙方作为新股东对公司进行投资。

以上协议甲乙丙三方经充分协商，根据《中华人民共和国公司法》（以下简称"公司法"）及其他相关法律、法规，就公司增资扩股事宜，达成如下协议。

第一条　公司的名称和住所

公司中文名称：A有限公司

住所：

第二条 公司增资前的注册资本、股本总额、种类、每股金额

注册资本为：1 000万元

股本总额为：1 000万股，每股面值人民币1元。

第三条 公司增资前的股本结构（表B-1）

表B-1 公司增资前的股本结构说明

序 号	股东名称	出资金额	认购股份	占股本总额比例
1	公司1	700万元	700万股	70%
2	公司2	300万元	300万股	30%

第四条 审批与认可

此次公司增资扩股，丙方对公司投资参股的各项事宜，已经分别获得甲乙丙三方相应权利机构的批准。

第五条 公司增资扩股

甲、乙两方放弃优先购买权，接受丙方作为新股东对公司以现金方式投资×万元。

第六条 声明、保证和承诺

各方依据下列声明、保证和承诺签署本协议：

1.甲、乙、丙三方是依法成立并有效存续的企业法人，并已获得本次增资扩股所要求的一切授权和批准；

2.甲、乙、丙三方具备签署本协议的权利能力和行为能力，本协议一经签署即对三方构成具有法律约束力的文件；

3.甲、乙、丙三方在本协议中承担的义务是合法、有效的，义务履行不会与三方承担的其他协议义务相冲突，也不会违反任何法律。

第七条 公司增资后的注册资本、股本总额、种类、每股金额

1.注册资本为：1 500万元。

2.股本总额为：1 500万股，每股面值人民币1元。

3.公司增资后的股本结构（表B-2）。

表B-2　公司增资后的股本结构说明

序　　号	股东名称	出资金额	认购股份	占股本总额比例
1	公司1	700万元	700万股	46.67%
2	公司2	300万元	300万股	20%
3	公司3	500万元	500万股	33.33%

第八条　新股东享有的基本权利

1.同原有股东法律地位平等；

2.享有法律规定的一切权利，包括但不限于表决权、分红权、查阅权、复制权、优先认购权、监督权等。

第九条　新股东的义务与责任

1.本协议签订之日起3个月内，按本协议约定按时、足额认购股份；

2.承担公司股东的其他义务。

第十条　章程修改

甲、乙、丙三方一致同意根据本协议内容对"A有限公司章程"进行相应修改。

第十一条　董事推荐

甲、乙两方同意在完成本次增资扩股后，丙方推荐的多名董事进入公司董事会。

第十二条　股东地位确立

甲、乙两方承诺在协议签订后，尽快完成向有关国家工商行政管理部门申报的一切必备手续，尽快使丙方的股东地位正式确立。

第十三条 特别承诺

丙方承诺不会利用公司股东的身份做出有损于公司利益的行为。

第十四条 协议的终止

在按本协议的约定，依法进行股东变更前的任何时间：

1.如果出现了下列情况之一，则丙方有权在通知甲、乙方后终止本协议，并收回已支付款项：

（1）若发生无法预料、无法避免且后果无法克服的事件，将使得本次增资扩股在事实上成为不可能。

（2）甲方、乙方违反了本协议的任何条款，并且该违约行为使本协议的目的无法实现。

（3）出现了任何使甲方、乙方的声明、保证和承诺在实质意义上不真实的事实或情况。

2.如果出现了下列情况之一，则甲方、乙方有权在通知丙方后终止本协议。

（1）丙方违反了本协议的任何条款，致使本协议的目的无法实现；

（2）出现了任何使丙方的声明、保证和承诺在实质意义上不真实的事实或情况。

3.发生下列情形时，经各方书面同意后可解除本协议。

本协议履行过程中，适用的法律、法规出现新的变化致使本协议的内容与新的法律、法规不符，并且各方无法根据新的法律、法规就本协议的修改达成一致意见。

4.在任何一方根据本条1、2、3的规定终止本合同后，各方不再享有本协议中的权利，也不再承担本协议的义务，本协议第十五、十六、十七条以及终止之前因本协议已经产生的权利、义务除外。

第十五条 保密

1.各方对于因签署和履行本协议而获得的、与下列各项有关的信息，应当严格保密。

（1）本协议的各项条款；

（2）有关本协议的谈判；

（3）本协议的标的；

（4）各方的商业秘密。

但是，按本条第2项可以披露的除外。

2.仅在下列情况下，本协议各方才可以披露本条第1项所述信息。

（1）法律的要求；

（2）任何有管辖权的政府机关、监管机构的要求；

（3）向三方的专业顾问或律师披露（如有）；

（4）非因三方过错，信息进入公有领域；

（5）各方事先给予书面同意。

3.本协议终止后本条款仍然适用，不受时间限制。

第十六条 免责补偿

由于一方不履行本协议中的义务，导致对他方或其相关利益人的起诉、索赔或权利请求，违约方同意向他方或其相关利益人就因此而产生的一切责任和费用提供合理补偿。

第十七条 不可抗力

1.任何一方由于不可抗力且自身无过错造成的不能履行或部分不能履行本协议的义务将不视为违约。

2.遇有不可抗力的一方，应尽快将事件的情况以书面形式通知其他各方，并及时向其他各方提交不能履行或部分不能履行本协议义务及需要延期履行的理由的报告。

3.不可抗力指任何一方无法预见的，且不可避免的，包括但不限于宣布或未宣布的战争、战争状态、骚乱、封锁、禁运、政府法令或总动员；直接影响本次增资扩股的火灾、水灾、台风、飓风、海啸、滑坡、地震、瘟疫或流行病等自然灾害；其他直接影响本次增资扩股的不可抗力事件。

第十八条　违约责任

本协议签订后，协议各方应自觉遵守，任何一方违约，应承担因违约造成的守约方的损失。

第十九条　争议解决

本协议适用的法律为中华人民共和国的法律、法规。各方在协议期间发生争议，应协商解决，协商不成，应提交公司所在地仲裁委员会仲裁。

第二十条　本协议的解释权属于所有协议方

第二十一条　未尽事宜

本协议涉及的具体事项及未尽事宜，可由各方在不违反本协议规定的前提下订立补充协议，补充协议与本协议具有同等的法律效力。

第二十二条　生效

本协议书于协议各方盖章、各方法定代表人或授权代表签字后生效。

（本页为签字页，无正文）

甲方：

乙方：

丙方：

一致行动人协议书

甲方：

乙方：

丙方：

（注：以下甲、乙、丙方合称"协议方"、单称"各方"）

甲、乙、丙等协议方目前均为A公司股东，在投资理念及经营观念上基本一致，为更好地协调各自立场，促使协议方在对公司重大问题的决策上保持一致，特达成以下书面约定，以进一步明确各方对于公司未来的一致行动关系，促进公司的全面稳定健康发展。

一、协议方应当在A公司每次股东会（或股东大会）召开前充分协商并达成一致意见后对该次股东会（或股东大会）审议事项进行投票。

如若协议方未能或者经过协商仍然无法就股东会（或股东大会）审议事项达成一致意见的，则各方一致同意无条件依据×先生所持意见，对股东会（或股东大会）审议事项进行投票。

二、协议方应当共同向股东会（或股东大会）提出提案，各方均不会单独或联合他人向股东会（或股东大会）提出未经过协议方充分协商并达成一致意见的提案。

三、在本协议有效期内，未经其他各方书面同意，任何一方不得转让、委托其他第三方管理其所持有的全部或者部分公司股权。

四、本协议的有效期为××××年××月××日起至××××年××月××日止。

五、本协议一经签署即构成对协议方均具有法律约束力的义务，对于任何一方违反本协议项下的法律义务的，其他各方均有权追究其法律责任。

甲方：

乙方：

丙方：

签署日期：

签署地点：

绩效分红协议书

甲方：A有限公司　　　　乙方：

法定代表人：　　　　　身份证号码：

地址：　　　　　　　　现住址：

电话：　　　　　　　　联系电话：

根据《中华人民共和国民法典》和×××绩效分红方案的有关规定，本着自愿、公平、互利、诚信的原则，甲乙双方就以下有关事项达成如下协议：

一、本协议书的前提条件

（一）绩效分红股权概念：

绩效分红股权是基于公司员工身份而享有的参与公司业绩收益分配的权利。

（二）绩效分红股权的基本特征：

1.享有绩效分红权利的员工分红比例由公司制定；

2.人在权在，人走权没；

3.根据年度考评，决定分红额度增减；

4.只有绩效分红权。

二、激励对象和周期

（一）适用对象：截至××××年××月××日，在公司工作

211

一年以上的合格中高层管理人员（特殊情况除外）。

（二）分红期：公司确定分红期为年度计算，年度分红。

三、分红约定

（一）本协议中的分红所在主体为A店，业绩分红月度为××××年1～12月。分红实施日期为××××年2月28日前。

（二）秉承"以岗定级、以人定额、人岗匹配、易岗易额"的原则。

（三）分红条件：乙方为××职位，1～12月本店总营业达到×万元，乙方取得本店绩效分红股权。

（四）分红比例：本店1～12月总营业额达到×万元甲方即按门店利润的5%、利润达到××万元甲方即按门店利润的10%对本店相关人员给予分红，乙方按占该店业绩贡献率进行分配。

（五）行权权力选择：

甲方会对乙方根据岗位职责履职情况、目标完成情况、利润实现情况进行考评，进行人员及分配比例重新配置。甲方对目标每年规划一次。

四、退出机制

（一）在本合同有效期内，凡发生以下情况之一，即取消分红。情节严重的，公司依法追究其赔偿责任并有权给予行政处分。

1.不能胜任工作岗位。

2.开设相同或相近的业务的。

3.丧失工作能力、伤残、死亡。

4.违反公司章程、公司管理制度、保密制度等其他行为。

5.违反国家法律法规并被刑事处罚的其他行为。

（二）合同期未满，从公司自行离职或被公司辞退，乙方自动退出此协议，不再享有该分红期任何分红权利。

五、其他事项

（一）甲乙双方根据相关税务法律的有关规定承担与本协议相关的纳税义务。

（二）本协议是公司内部管理行为，不作为劳动合同的补充协议。

（三）乙方对本协议内容有保密义务，未经甲方许可，不能擅自将本协议的内容透露给其他人员，否则，甲方有权单方面解除本协议。

（四）本协议不影响公司根据发展需要做出合并、分立、解散或变更公司形式、资本调整等其他合法行为。

六、争议与法律纠纷的处理

（一）乙方违反甲方管理制度以及激励计划中的约定或者国家法律政策，甲方有权通知乙方终止本协议且不需承担任何责任。乙方在协议书规定的有效期内均可通知甲方终止本协议，但不得附带任何条款，若因此给甲方造成损失，乙方应承担赔偿损失的责任。

（二）甲乙双方因履行本协议或与本协议有关的所有纠纷应以友好协商方式解决，如双方无法通过协商解决，则任何一方均可向甲方所在地人民法院提起诉讼。

七、其他

本协议一式两份，甲乙双方各执一份，具有同等法律效力。本协议经甲乙双方签字/盖章后生效。

附件：×××绩效分红方案

甲方（盖章）：A有限公司　　　　乙方：

法定代表人签字：　　　　　　　　乙方签字：

日期：　年　月　日　　　　　　　日期：　年　月　日

超额分红协议书

甲方：　　　　　　　　　乙方：

法定代表人：　　　　　　身份证号码：

地址：　　　　　　　　　现住址：

根据《中华人民共和国民法典》和×××超额分红方案的有关规定，本着自愿、公平、互利、诚信的原则，甲乙双方就以下有关事项达成如下协议。

一、本协议书的前提条件

（一）超额分红概念：

超额利润股权分红是基于B有限公司股东身份及经理以上管理人员而享有的参与部门或者公司超额利润收益分配的权利。

（二）超额利润股权分红的基本特征：

1.享有超额分红权利的员工分红比例由B有限公司制定；

2.免费获得，人在权在，人走权没；

3.根据年度考评，决定分红额度增减；

4.只享有超额分红权。

二、激励对象和周期

（一）适用对象：适用范围为在B有限公司（以下简称"公司"）工作半年以上的合格高层管理人员（特殊情况除外）。

（二）分红期：公司确定分红期以年度计算，实行年度分红。

三、分红约定

（一）本协议中的分红所在主体为×××部门，分红月度为××年1~12月。分红实发日期为××年2月28日。

（二）秉承"以岗定级、以人定额、人岗匹配、易岗易额"的原则。

（三）分红条件：乙方为××职位，本年度本部门绩效分红后净利润达到××万元，乙方取得本部门超额利润分红股权。

（四）分红比例：××年1～12月本部门净利润达到100万元至130万元的部分，甲方即按利润的10%对乙方给予分红；130万元至160万元的部分，甲方即按利润的20%对乙方给予分红；160万元以上部分，甲方即按利润的30%对乙方给予分红。

分红比例如下（表B-3）：

表B-3 分红比例说明

部门名称	分红岗位	利润目标（万元）		超额部分分红比例	分红占比	分红人数
		基础目标	超额梯度			
餐饮部	总监	100	30	超过部分按梯度给予分红，超额分红比例为10%+20%+30%	40%	1
	厨师长				20%	1
	前厅经理				20%	2
合计						4

（五）行权权力选择：

甲方会对乙方根据岗位职责履职情况、目标完成情况、利润实现情况进行考评，进行人员及分配比例重新配置。甲方对部门目标每年规划一次。

四、退出机制

（一）在本合同有效期内，凡发生以下情况之一，即取消分红。情节严重的，公司依法追究其赔偿责任并有权给予行政处分。

1.不能胜任工作岗位。

2.开设相同或相近业务的。

3.丧失工作能力、伤残、死亡。

4.违反公司章程、公司管理制度、保密制度等其他行为。

5.违反国家法律法规并被刑事处罚的其他行为。

（二）合同期未满，从公司自行离职或被公司辞退，乙方自动退出此协议，不再享有任何分红权利。

五、其他事项

（一）甲乙双方根据相关税务法律的有关规定承担与本协议相关的纳税义务。

（二）本协议是公司内部管理行为，不作为劳动合同的补充协议。

（三）乙方对本协议内容负有保密义务，未经甲方许可，不能擅自将本协议的内容透露给其他人员，否则，甲方有权单方面解除本协议。

（四）本协议不影响公司根据发展需要做出合并、分立、解散或变更公司形式、资本调整等其他合法行为。

六、争议与法律纠纷的处理

（一）乙方违反甲方管理制度以及本协议的约定或者国家法律政策，甲方有权通知乙方终止本协议且不需承担任何责任。乙方在协议书规定的有效期内均可通知甲方终止本协议，但不得附带任何条款，若因此给甲方造成损失，乙方应承担赔偿损失的责任。

（二）甲乙双方因履行本协议或与本协议有关的所有纠纷应以友好协商方式解决，如双方无法通过协商解决，则任何一方均可向甲方所在地人民法院提起诉讼。

七、其他

本协议一式两份，甲乙双方各执一份，具有同等法律效力。本协议经甲乙双方签字/盖章后生效。

甲方（盖章）：B有限公司　　　　乙方：

法定代表人签字：　　　　　　　乙方签字：

日期：　　年　月　日　　　　　日期：　　年　月　日

在职股权激励协议书

甲方：C有限公司　　　乙方：

法定代表人：　　　　　身份证号码：

地址：　　　　　　　　现住址：

根据《中华人民共和国民法典》和C有限公司股权激励方案（以下简称"激励方案"）的有关规定，本着自愿、公平、平等互利、诚实信用的原则，甲乙双方就有关事项达成如下协议：

一、本协议书的前提条件

（一）在××年1月1日至××年12月31日期间，乙方的职位为××之职，若不能满足此条款，则本协议失效。

（二）本协议不影响乙方原有的工资、奖金等薪酬福利。

二、分红股权实施细则

（一）行权期：

本协议中的股份所在主体为C有限公司（以下简称"本公司"），行权期为××年1月1日至××年12月31日，分红年度为××年度。

（二）股份数量及价格：

在职股权：根据激励方案的规定，本公司最高稀释分红股总股数为100股，每股10 000元，1股起购，最高10股。

现金股：乙方现金购买本公司分红股份10股，交纳现金100 000元。

（三）股金缴纳：

1.乙方自合同签订之日起5日内，缴纳股金100 000元。如果未按时缴纳，其股权按照实际缴纳部分享受相应权益。

2.缴纳方式：现金。

（四）分红时间与办法：

分红时间为次年1月15日前。

（五）股份数量变动及性质转换：

1.甲方每年会对乙方根据岗位职责履职情况、目标完成情况、利润实现情况进行考评，并进行股份重新配置。甲方每年对公司目标进行一次规划。

2.乙方升职或转换部门，所持有股权按相应价格转换到对应岗位，享有所在岗位权利；乙方降职或撤职，按所在岗位对应权利减持股份，规则见退出机制。

三、股份的考核与授予

（一）由公司按照激励方案中的要求对乙方进行考核，并根据考核结果授予乙方相应的股份数量。

（二）如果乙方考核合格，甲方在考核结束后10天内发出书面股份确认通知书。

（三）乙方在接到股份确认通知书后3天内，按照股份确认通知书规定支付定金。逾期不支付，视为乙方放弃股权确认通知书中通知的在职分红。

四、股份的权利与限制

（一）本协议股份的合同期为12个月，期间为××年1月1日至××年12月31日。

（二）乙方持有的股份在合同期间享有相应的分红权益，分红收益为××年度收益个人股份比例。

（三）分红规则：

1. 乙方持有股份在合同期间不得转让、出售、质押、偿还债务等。

2. 业绩低于100万元，按当年一年期银行贷款利率支付。

3. 当甲方股本发生变化时，乙方所持有的在职分红股份根据激励方案进行相应调整。

五、退出机制

本股份为在职分红股份，遵循"人在股在，人走股没"的原则。在协议有效期内，若激励对象中途离职，则激励股的处理办法如下：

（一）协议退出：

1. 乙方1年内不得退出，若因特殊原因需要退出，提前1个月申请，甲方按当年一年期银行贷款利率回购（不享受当年分红），甲方自协议解除之日起15内以现金/转账方式支付给乙方。

2. 协议期满，甲方以乙方初始投资金额退还本金，并支付约定分红。甲方在15天内以现金/转账方式支付给乙方。乙方若继续投资，则按下年度公司新规则续签协议。

（二）当然退出：

1. 激励对象发生以下情况之一，则公司有权回购其全部股权，并不再发放退出后月份的红利。

（1）激励对象非因公丧失劳动能力的。

（2）激励对象达到法定或公司规定的退休年龄的。

（3）激励对象不能胜任所聘工作岗位或拒绝服从公司工作安排。

（4）其他非因激励对象过错而终止劳动合同的。

2. 回购价格：甲方按股份初始投资金额返还本金，按资金使用月度享受分红。

3.回购时间：甲方在15日内以现金/转账方式支付给乙方。

（三）除名退出：

1.激励对象发生如下情形之一的，公司有权单方面收回其股权，并不再发放当年红利。如给公司造成损失，须向公司进行赔偿。

（1）劳动合同期未满，主动辞职。

（2）未经公司批准，擅自出售、质押、信托或其他方式处分其持有的股份。

（3）严重违反公司规章制度的，给公司造成重大损失。

（4）严重失职，营私舞弊，给公司造成重大损害。

（5）违反竞业禁止，经营或参与经营与公司业务相同或相似的业务。

（6）被依法追究刑事责任。

（7）激励对象存在其他严重损害公司利益和名誉的行为。

2.回购价格：甲方按当年一年期银行贷款利率回购。

3.回购时间：甲方在30日内以现金/转账方式支付给乙方。

六、其他事项

（一）甲乙双方根据相关税务法律的有关规定承担与本协议相关的纳税义务。

（二）本协议是公司内部管理行为，不作为劳动合同的补充协议。

（三）乙方对本协议内容有保密义务，未经甲方许可，不能擅自将本协议的内容透露给其他人员，否则，甲方有权单方面解除本协议。

（四）本协议不影响公司根据发展需要做出合并、分立、解散或变更公司形式、资本调整等其他合法行为。

（五）本协议期满，经甲乙双方协商同意，可按公司规定重新签订相关协议。

（六）因不可抗力因素导致协议无法履行，双方互不承担责任。

七、争议与法律纠纷的处理

（一）甲乙双方发生争议时：

1. 激励方案已涉及的内容，按激励方案及相关规章制度的有关规定解决。

2. 公司制度未涉及的部分，按照相关法律、法规执行。

（二）乙方违反激励方案及本协议的约定或者国家法律政策，甲方有权通知乙方终止本协议且不需承担任何责任。乙方在协议书规定的有效期内均可通知甲方终止本协议，但不得附带任何条款，若因此给甲方造成损失，乙方应承担赔偿损失的责任。

（三）甲乙双方因履行本协议或与本协议有关的所有纠纷应以友好协商方式解决，协商不成，则任何一方均可向甲方所在地人民法院提起诉讼。

八、其他

本协议一式两份，甲乙双方各执一份，具有同等法律效力。本协议自甲乙双方签字盖章之日起生效。

甲方（盖章）：　　　　　　　　乙方（签字）：

法定代表人签字：　　　　　　　联系电话：

签约日期：　　年　月　日　　　签约日期：　　年　月　日

竞业禁止协议书

甲方	乙方
名称：	姓名：
法人：	身份证号码：
地址：	身份证地址：
电话：	现住址：
传真：	联系电话：

鉴于乙方知悉甲方重要的商业秘密，为保护双方的合法权益，根据《中华人民共和国劳动合同法》等有关法律、法规，本着自愿、平等和诚信的原则，经协商一致，达成下列条款。

1.竞业禁止行为

本协议所称的竞业禁止是指乙方在劳动合同期限内及离职以后的一定期限，不得以以下方式从事与甲方相同、相近或有竞争情形的相关业务：

（1）以投资、参股、合作、承包、租赁、委托经营或以其他方式从事与甲方相同、相近或有竞争情形的相关业务。

（2）直接或间接受聘从事其他公司或组织与甲方相同、相近或有竞争情形的相关业务。

2.竞业禁止期限

本协议约定的竞业禁止期限为双方劳动合同期限内及劳动合同终止后一年。

3.竞业禁止行业

本协议所指与甲方相同、相近或有竞争情形的相关业务，包括但不限于以下行业：

（1）培训行业，包括以盈利为目的或者非盈利为目的的与甲方经营范围相同或相近的培训企业或者其他组织。

（2）教育行业，包括各种形式的与甲方经营范围相同或者相近的学校、教育机构或其他组织等。

（3）软件技术开发行业，包括与甲方使用的软件相同或相近的软件开发企业。

（4）咨询行业，包括信息咨询、企业管理咨询、企业形象策划等与甲方经营范围相同或者相近的企业或组织。

4.竞业禁止地域

本协议约定的竞业禁止的地域范围指＿＿＿＿＿＿＿＿＿＿＿＿＿。

5.补偿

（1）在劳动合同签订时，乙方应在当日签署书面"竞业禁止协议确认书"。

（2）乙方履行本协议竞业禁止义务期限内，甲方每月的25日向乙方支付离职前12个月月平均工资的60%作为竞业禁止补偿金。若在乙方履行本协议竞业禁止义务期限内，甲方中止补偿金，乙方可不再履行本协议竞业禁止义务。

6.监督

甲方有权监督乙方履行本协议，乙方应予以配合。

乙方每次变更工作单位都应当在变更之日起15日内向甲方说明情况供甲方核实，包括单位名称、职务证明、单位电话等。

7.违约责任

乙方不履行或违反本协议约定的竞业禁止义务，应当向甲方一次性支付违约金，并返还已领取补偿金。违约金额为本协议约定的竞业禁止补偿金总额的5倍。同时，若违约行为给甲方造成损失，乙方承担赔偿责任。

8.其他

（1）本协议引起的纠纷由双方协商解决。协商不成，则向甲方所在地人民法院提起诉讼。

（2）本协议一式两份，甲乙双方各执一份，自双方签字盖章之日起生效。

甲方盖章：

法人代表签字：　　　　　　　乙方签字：

日期：　　年　月　日　　　　日期：　　年　月　日

保密协议书

甲方（公司）：

法定代表人：

乙方（员工或股东）：

所在部门：

身份证号：

由于乙方的工作接触到甲方的商业秘密，为明确保密事项，甲乙双方根据《中华人民共和国劳动法》等法律、法规，在自愿、平等和诚信的基础上，就下列条款达成一致：

第一条　商业秘密的内容

本协议所指的商业秘密包括但不限于技术秘密、经营秘密和公司依照法律规定或有关协议的约定对外承担保密义务的其他事项。技术秘密包括但不限于技术方案、数据库、研究开发记录、技术报告、检测报告、图纸、样品、相关的函电等；经营秘密包括但不限于经营战略、客户明细、营销计划、采购资料、产品定价、财务资料、人力资源信息，等等。

第二条　保密责任

乙方严格遵守甲方的保密制度。

乙方对所接触的商业秘密具有保密责任，未经甲方同意，不得以任何形式泄露给第三方知悉。

第三条　保密期限

乙方的保密义务自本协议签订之日始，至该商业秘密由甲方公开时止。

第四条　秘密信息的载体

甲方拥有本协议商业秘密及载体的所有权和处置权。乙方不得将商业秘密及载体擅自复制、保留或泄露给第三方。

第五条　侵权责任

甲、乙双方约定：

乙方违反本协议及相关保密制度或相关法律法规，应承担违约责任，一次性补偿甲方违约金×元。如乙方违约造成甲方损失，乙方应赔偿甲方所有实际经济损失，包括但不限于直接损失、间接损失、乙方违约收益，甲方调查的合理支出、律师费、法律诉讼费用等。

第六条　争议解决

因本协议而引起的纠纷应由双方协商解决，协商不成，则任何一方均可以向公司所在地的人民法院提起诉讼。

第七条　其他事项

1.本协议的修改必须采用书面形式，并经双方同意。

2.本协议正本一式两份，甲乙双方各执一份，具有同等法律效力。

第八条　生效

本协议自甲、乙双方签字或盖章之日起生效。

甲方：　　　　　　　　　乙方签字：

代表：　　　　　　　　　身份证号：

签字日期：　年　月　日　签字日期：　年　月　日